日本史のなかの埼玉県

水口由紀子 編

稲荷山古墳(行田市。埼玉県立さきたま史跡の博物館提供)

山川出版社

埼玉県の関連略年表

時代	年代	事項
旧石器	3万5000年前頃	局部磨製石斧の使用が始まる（藤久保東遺跡など）
	2万年前頃	ナイフ形石器の使用が始まる（砂川遺跡など）
縄文	1万5000年前頃	細石器の使用が始まる（白草遺跡など） 土器・弓矢の使用が始まる（橋立岩陰遺跡など） 竪穴住居が出現する（宮林遺跡など）
	6000年前頃	貝塚が多く形成される（水子貝塚など）
弥生	2200年前頃	再葬墓が造られる（四十坂遺跡など）
	2100年前頃	環濠集落や方形周溝墓が造られはじめる
	200頃	水田耕作が安定し、集落が大規模化する（中里前原遺跡など）
古墳	300頃	古墳が造られはじめる（鷺山古墳など）
	400頃	稲荷山古墳出土の鉄剣にワカタケル大王の名が見える
	645（大化元）	東国国司が派遣され、戸籍作りや田地を調査
奈良	703（大宝3）	引田祖父が武蔵守となる（武蔵守の初見）
	716（霊亀2）	駿河など七カ国の高句麗人を武蔵に移し、高麗郡が設置される
	758（天平宝字2）	渡来した新羅人を武蔵に移し、新羅郡が設置される
平安	861（貞観3）	郡ごとに検非違使が置かれる
	939（天慶2）	平将門が興世王・源経基と武蔵武芝との紛争の調停に失敗
	1180（治承4）	畠山重忠・河越重頼らが源頼朝に帰順
鎌倉	1203（建仁3）	比企能員一族が北条氏に誅殺される
	1221（承久3）	武蔵の武士の多くが北条氏に従い京へ出発（承久の乱）
	13世紀末頃	「男衾三郎絵詞」が制作される

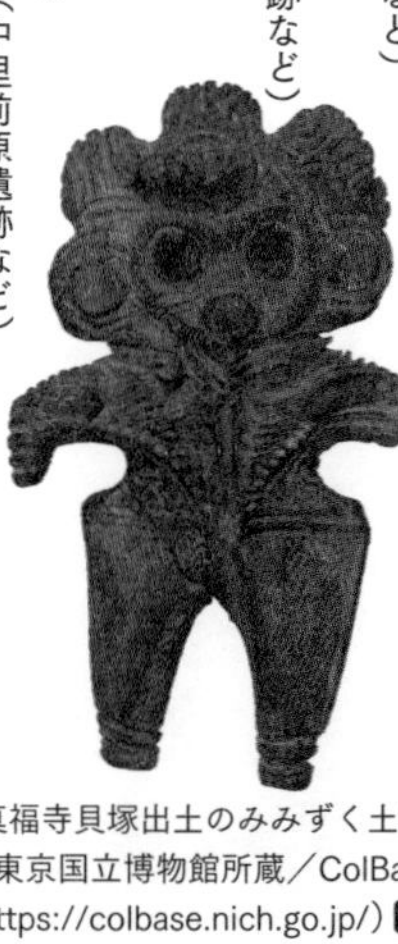

真福寺貝塚出土のみみずく土偶（東京国立博物館所蔵／ColBase https://colbase.nich.go.jp/） 重文

「男衾三郎絵詞」（東京国立博物館所蔵／ColBase https://colbase.nich.go.jp/） 重文

時代	年	できごと
室町	1335(建武2)	北条時行が女影原・小手指原で足利直義を破る(中先代の乱)
	1358(延文3/正平13)	新田義興が矢口の渡しで討たれる
	1416(応永23)	上杉禅秀の乱が起こる
	1454(享徳3)	足利成氏が上杉憲忠を鎌倉で謀殺(享徳の乱が始まる)
	1476(文明8)	長尾景春が五十子の上杉顕定らを攻める(長尾景春の乱)
	1546(天文15)	河越合戦で北条氏康が両上杉・古河公方らの連合軍に勝利
	1560(永禄3)	上杉謙信、関東襲来(越山。〜63年まで数回)
安土・桃山	1590(天正18)	豊臣軍が松山、河越、岩槻、忍、鉢形城などを攻略(小田原攻め)
江戸	1629(寛永6)	伊奈忠治が荒川を入間川に合流させる(荒川の瀬替え)
	1633(寛永10)	尾張・紀伊・水戸の御三家が鷹場を賜る
	1641(寛永18)	江戸川が開削される
	1764(明和元)	武蔵を中心として助郷役増徴反対一揆が起こる(明和の伝馬騒動)
	1819(文政2)	児玉郡出身の塙保己一、『群書類従』を刊行
	1866(慶応2)	武州世直し一揆が起こる
明治	1871(明治4)	廃藩置県により県内は埼玉県、入間県に統廃合される
	1873(明治6)	現在の埼玉県の県域が定まる
大正	1914(大正3)	東武東上線池袋—川越間が開通するなど鉄道網が整備
昭和	1935(昭和10)	熊谷陸軍飛行学校開設
	1971(昭和46)	埼玉百周年を記念し、十一月十四日が県民の日となる
	1978(昭和53)	稲荷山古墳出土の鉄剣に一一五字の銘文を発見
平成	2001(平成13)	浦和市・大宮市・与野市が合併し「さいたま市」が誕生
	2011(平成23)	県内の自治体数が六三となる

塙保己一旧宅(本庄市教育委員会提供) 国史

川越城本丸御殿 県指定

日本史のなかの埼玉県 目次

埼玉県の歴史講義

コラム
もっと知りたい！
深掘り埼玉県史

本書の凡例：
・本書に登場する明治5年以前の月日は、旧暦のものです。
・「埼玉県の史跡・文化財を知る」では、文化財としての名称を掲載しています。
・文化財の種別について、左記のように略しています。

国宝 国宝　重文 重要文化財　国史 国史跡　国名 国名勝
国天 国天然記念物　登録 国登録有形文化財　特史 特別史跡
県指定 県指定文化財　市指定 市指定文化財　町指定 町指定文化財

はじめに——埼玉県の風土と人間

県名の由来となったのは埼玉郡埼玉村

本書は、埼玉県の特徴あふれる歴史や文化を、史跡・文化財をとおして見直すことをテーマとしている。そこで、まずは原始以来の県域の歩みを、中央とのつながり、人とモノの移動といった観点から概観する。

埼玉県は関東平野の中央部西寄りに位置する内陸県である。東西約一〇三キロ、南北約五二キロ、面積は約三八〇〇平方キロで、二〇二二年(令和四)八月現在、約七三四万人の人々が暮らしている。面積は全国で三九位、人口は五位である。市町村数は二〇〇一年(平成十三)には九二あったが、その後合併が進み、二〇二二年には六三に減っている。気候は温帯で、太平洋側気候である。近年では温暖化の影響で夏の暑さが厳しく、熊谷市は気象庁の観測史上、歴代一位の最高気温の記録を持っている(四一・一度で浜松市と同率一位)。

地形的な特徴は、八王子構造線を境に西は秩父《ちちぶ》山地などからなる山地、東は平野に大別され、平野が全体の三分の二を占める。平野は、県のほぼ中央を南北に荒川が流れ、東の県境には利根《とね》川《がわ》が流れている。それぞれの川の流域には沖積低地(荒川低地・加須《かぞ》低地・中川低地など)が形成されている。荒川と山地の間には丘陵・台地があり、荒川と中川低地の間には大宮台地がある。海なし県ではあるが、山と川と台地という変化に富んだ生活空間を持っている。

県名の由来となったのは、「埼玉《さいたま》郡埼玉《さきたま》村」(現行田市埼玉)で、特別史跡埼玉古墳群や延喜式内社《えんぎしきないしゃ》・前玉《さきたま》神社などがあり、古来、県北地域の中心地であった。

埼玉県に人々が暮らしはじめたのは今から約三万五〇〇〇年前に遡る旧石器《きゅうせっき》時代である。この時代は地質学では第四紀更新世《こうしんせい》にあたり、氷期と間氷期が交互に繰り返す氷河時代とも呼ぶ。土器の使用はまだなく、石器を使って狩猟生活を営んでいた。石器には黒曜石《こくようせき》、チャート、安山岩《あんざんがん》などが使われた。そのなかでも黒曜石は加工がしやすく、鋭利な刃を作ることができることから好まれた。黒曜石の産地は県内にはなく、長野県の霧ヶ峰《きりがみね》地区と北八ヶ岳《きたやつがたけ》地区、伊豆《いず》諸島の神津島《こうづしま》、静岡県の柏峠《かしわとうげ》、栃木県の高原山《たかはらやま》、神奈川県の畑宿《はたじゅく》などがある。この時代、すでに広範囲な人とモノの移動がみられる。

古代の人口中心地は、県北だった

氷河時代の終わり頃、約一万五〇〇〇年前に土器の使用が始まり、縄《じょう》文《もん》時代は約一万二〇〇〇年間続いた。縄文時代は温暖化の時期と寒冷化の時期が交互に繰り返された。温暖期には「縄文海進《かいしん》」と呼ばれる海水面の上昇が生じ、埼玉県にも「海」が形成された。縄文時代の食糧獲得方法は「狩猟・漁労・採集」と考えられてきたが、土器に残る

図1　埼玉県の地形区分

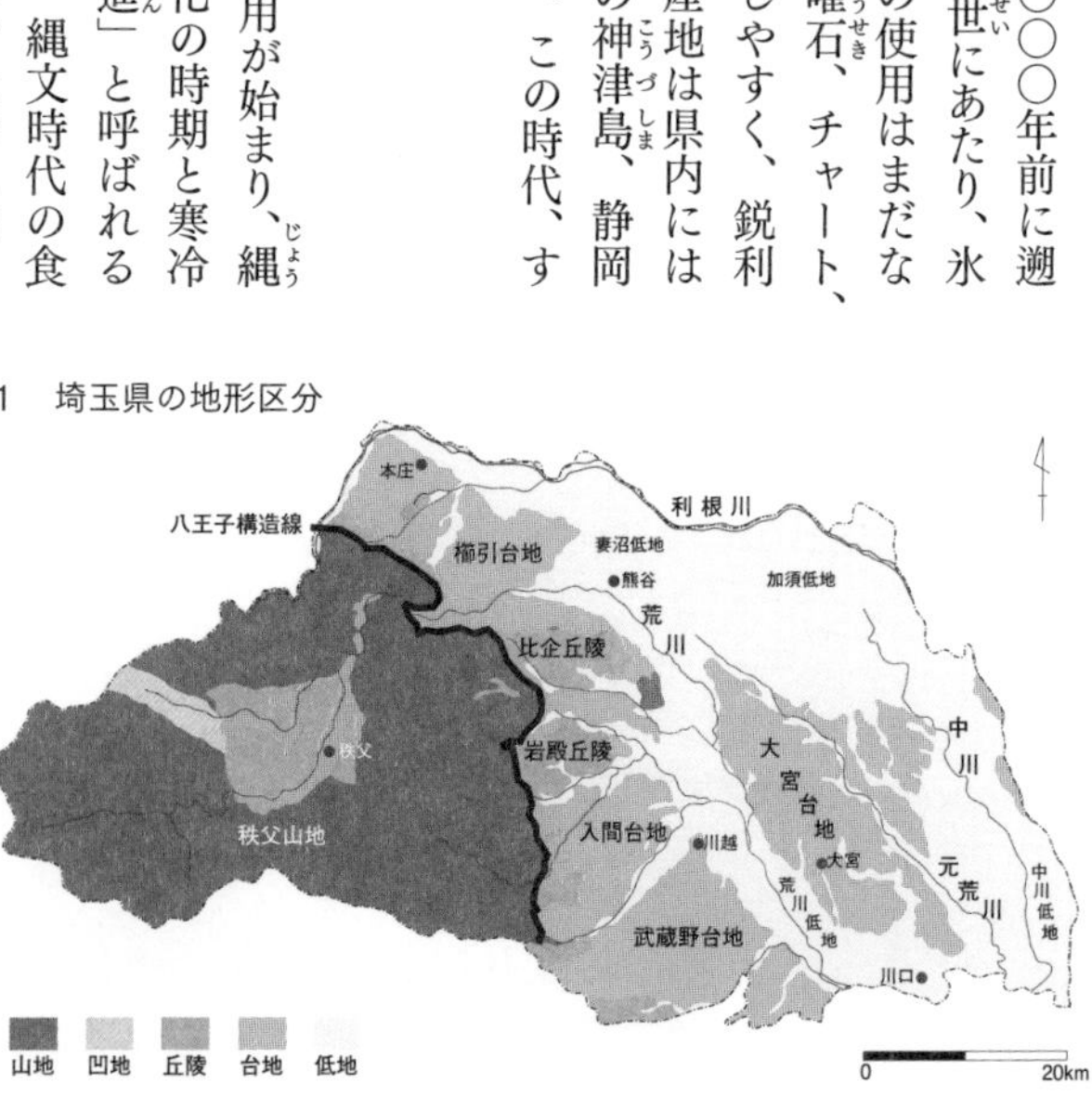

植物種子痕を抽出して、分析するレプリカ圧痕法などの研究成果から、縄文人はクリやマメ科植物を管理栽培する技術を取得していたことが明らかになっている。

埼玉県で稲作が始まった時期は今のところ弥生《やよい》時代中期の中頃(二二〇〇年前)と推定されている。水田の発掘事例はまだないが、池上《いけがみ》遺跡(熊谷市)では炭化米や収穫具である石包丁《いしぼうちょう》、須釜《すがま》遺跡(春日部市)ではイネの籾《もみ》圧痕が見つかっている。この時代の遺跡から出土する土器には信州地方、北陸地方、南関東地方、東海地方の特徴を持った「外来系の土器」と呼ばれる一群がある。また、県内から出土する閃緑岩《せんりょくがん》製の太型蛤《ふとがたはまぐり》刃磨製石斧《ばませいせきふ》は信州地方で生産されたものであることがわかっている。これらの遺物からは南北両方向の人とモノの移動をうかがうことができる。さらに、墓制にも変化が現れ、弥生時代中期以降、埼玉県では方形周《ほうけいしゅう》溝墓《こうぼ》という新しい墓制が取り入れられた。井沼方《いぬまがた》遺跡九号墓(さいたま市大宮区)のように埋葬施設に鉄剣・ガラス玉・勾玉《まがたま》などが副葬された方形周溝墓も登場し、ムラのなかに格差が生じ、ムラの長が存在していたことが明確になっている。

次の古墳《こふん》時代は前方後円墳《ぜんぽうこうえんふん》に代表される古墳が築造された時代で、そこに埋葬されたのはムラの長を束ねた地域の首長《しゅちょう》であった。ただし、古墳時代後期になると群集墳《ぐんしゅうふん》と呼ばれる、首長よりも下の階層の人々も古墳に葬られるようになった。一九八九年から五年間かけて行われた県内の古墳(含・横穴墓)の悉皆《しっかい》調査では計四七八六基の古墳が確認された。そのうちの約半数にあたる二三二一基が現在の児玉郡・大里郡にある。古墳の数はその地域の人口や生産力を反映している。

七〇一年(大宝元)に大宝律令《たいほうりつりょう》が施行され、埼玉県域も古代的な国家に組みこまれていった。地方は国・郡・

里(のちに郷)に区分され、諸国は「五畿七道《ごきしちどう》」に行政区分された。「五畿」は京を取り巻く近畿地方の五つの国で、それ以外を七つの区域に分け、東海道、東山道《とうさんどう》、北陸道、山陰道、山陽道、南海道、西海道と名づけた。諸国の国府《こくふ》と京(藤原京《ふじわらきょう》・平城京《へいじょうきょう》)は七道と同名の道路で結ばれた。埼玉県の大半は武蔵《むさし》国《のくに》に含まれ、江戸川沿いの東部地域は下総《しもうさ》国であった。武蔵国は当初、東山道に属していたが、七七一年(宝亀《ほうき》二)に東海道に所管替えとなった。埼玉県の範囲にあった一五郡の配置をみると、古墳の数が多かった現在の児玉郡・大里郡に小さい郡が数多く集中している。これもこの地域の人口が多かったことを示している。現在の埼玉県は県南地域に人口が集中しているが、古代では県北地域の人口が多かったのである。

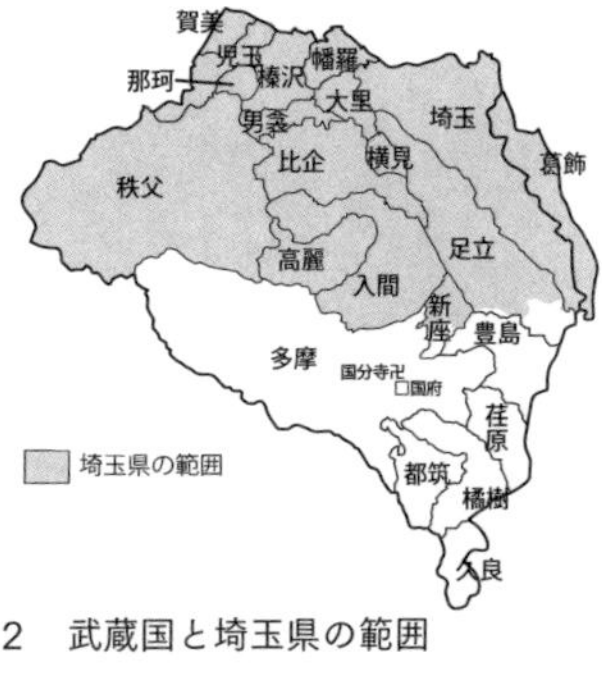

図2　武蔵国と埼玉県の範囲

関東平野における戦乱と、江戸時代の発展

さて、中世以降の歴史については本書の歴史講義に詳しいので、ここでは埼玉県域が関東平野のなかで担った役割の変遷について簡単に紹介する。この広い関東平野では武士たちの覇権争いが繰り広げられていったが、とくに埼玉県域は関東平野の中央部に位置していることから、東西の政治的勢力の衝突、南北の政治的勢力の衝突が繰り返される場所となった。近年では「戦国時代は関東から始まった」といわれているが、それは県内に残る城館跡の多さにも表れている。

江戸に幕府が開かれると、埼玉県域は幕府を守り、経済的に支える重要な役割を担った。そのために戦国時代の城のほとんどを廃城とし、残ったのは川越、忍《おし》、岩槻《いわつき》の三城だけであった。また、江戸を水害から守るために利根川・荒川の瀬替えや葛西《かさい》用水の掘削など大規模な河川改修が次々と行われた。さらに、野火止《のびとめ》用水を開削し、原野であった武蔵野台地を耕地化することに成功した(新田開発)。交通網も整備され、江戸を出発点とする五街道が整備され、県域には中山道と日光街道が通った。浦和や大宮など街道に造られた宿はその後、それぞれの地域の中心地に発展していった。

「ずっと住み続けたい」県

明治時代以降、東京に首都が置かれると埼玉県は首都近郊県となり、とくに、高度経済成長が始まると県南地域の人口が急増した。〝埼玉都民〟という言葉があるように、他県で従業・通学する人数は神奈川県に次いで全国で二番目に多い一〇二万四三七人(令和二年国勢調査)になる。一九八〇年以降は〝ダ埼玉〟という言葉が流行し、魔夜峰央の漫画で、二〇一九年には映画化もされた『翔んで埼玉』が話題となるなど、埼玉県はディスられる(ディスリスペクトされる)ことも多い。また、株式会社ブランド総合研究所が実施している「地域ブランド調査」による都道府県魅力度ランキングでは、二〇二二年も埼玉県は四五位であった。

ただし、埼玉県が毎年実施している「埼玉県政世論調査」で二〇二一年度に「今住んでいる地域にずっと住み続けたい」と答えた人は六五・五パーセントという結果が出ており、この数字からは実際に住んでいる県民にとっては住みやすい土地柄であるということが伝わってくる。

(水口)

国宝「鉄剣」から見えてくる埼玉と古代王権とのつながり

金錯銘鉄剣《きんさくめいてっけん》

稲荷山古墳出土。銘文は、「ヲワケ」がオホヒコから始まる系図を述べたあと、自らが「ワカタケル大王」に武官として近侍した由来が記されている。「ワカタケル大王」は雄略天皇の和風諡号《しごう》「オオハツセワカタケル（大泊瀬幼武）」と対応する（右：表、左：裏。文化庁所有）。国宝

大宮台地の北端、およそ東西五〇〇メートル、南北八〇〇メートルの範囲に、八基の前方後円墳、二基の大型円墳、一基の方墳が密集して造営されている埼玉《さきたま》古墳群（行田市）。なかでも稲荷山《いなりやま》古墳から出土した鉄剣は、辛亥《しんがい》年から始まる一一五文字の金錯銘《きんさくめい》に、雄略《ゆうりゃく》天皇と対応する文字が刻まれており、五世紀のヤマト王権との関係性を物語る貴重な歴史資料である。（関）

＊画像はすべて、埼玉県立さきたま史跡の博物館提供

画文帯環状乳神獣鏡《がもんたいかんじょうにゅうしんじゅうきょう》

稲荷山古墳出土。面径15.5センチの銅鏡。外区は画文帯と渦雲《かうん》文帯が巡り、半円方格文帯をはさみ、内区は竜・虎の背に神仙を乗せた図像。本例のほかに5面の同型鏡が知られる(文化庁所有)。国宝

勾玉《まがたま》

稲荷山古墳出土。長さ4センチ、頭部直径1.5センチでC字形をした大型の勾玉。硬玉(翡翠《ひすい》)製。淡い緑色と乳白色が混じる(文化庁所有)。国宝

埼玉古墳群《さきたまこふんぐん》

当時は低地を見下ろす台地端部に立地し、古墳の正面を西側低地に向けて造営されたため前方後円墳の主軸方位が南北方向に揃っている。かつては近傍を利根川《とねがわ》が流下していたと推測され、河川交通の要衝に造営された古墳群である(中央上の前方後円墳が稲荷山古墳。行田市)。特史

帯金具《おびかなぐ》

稲荷山古墳出土。銅板に金鍍金《めっき》した製品。鉸具《かこ》・銙板《かばん》・鉈尾《だび》から成り、鰭《ひれ》付きの小鈴が垂飾《すいしょく》された銙板は周囲を枠に残して内部を走竜《そうりゅう》形に切り抜き、さらに薄い銅板を裏打ちして布の帯に鋲《びょう》留めしている(文化庁所有)。国宝

二百余の穴は、墓か住居か。埼玉考古学の出発点となった吉見百穴

一八八七年（明治二十）に東京帝国大学（現東京大学）の坪井《つぼい》正《しょう》五郎《ごろう》によって発掘調査が行われた吉見《よしみ》百穴《ひゃくあな》（吉見町）は埼玉考古学の出発点といえる。この調査は地主の大澤《おおさわ》藤助《とうすけ》や青山《かぶとやま》村（現熊谷市）の根岸《ねぎし》武香《たけか》ら地元の人々の篤《あつ》い協力があって実現した。

日本を代表する六世紀末から七世紀後半にかけての横穴墓である。

（水口）

伝吉見百穴出土遺物

直刀と須恵器《すえき》2点。吉見百穴の土地所有者である大澤家には坪井正五郎の発掘調査で出土したと伝わる遺物（大刀《たち》、鉄鏃《てつぞく》、玉類、耳環《じかん》、須恵器など）が大切に保管されている（個人所蔵。埼玉県立さきたま史跡の博物館提供）。

吉《よし》見《み》百《ひゃく》穴《あな》全《ぜん》景《けい》

凝灰岩質砂岩がむき出した丘陵斜面に現在219基の横穴墓が開口している。発掘調査後、横穴の性格をめぐり坪井の「穴居説」と白井光太郎《しらいみつたろう》(神風山人)や秋乃舎《あきのや》色穂の「墓穴説」とで大論争となった。1923年(大正12)、国史跡に指定された(筆者提供)。国史

国宝「慈光寺経」をはじめ、悠久の時間を体現する名刹・慈光寺の宝物

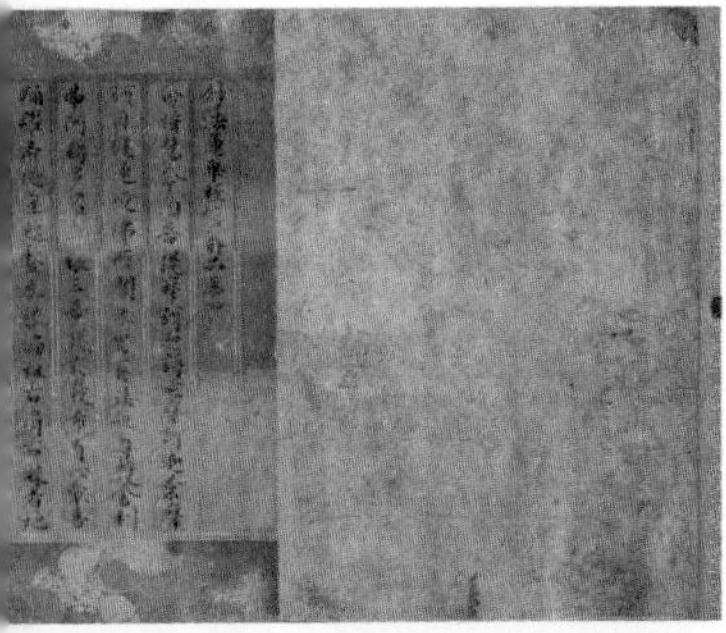

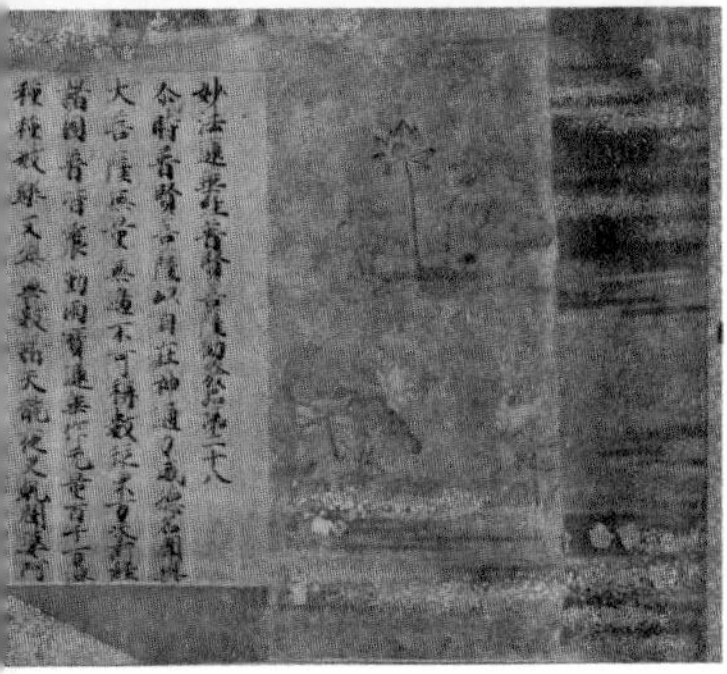

慈光寺経（法華経一品経《ほけきょういっぽんきょう》・阿弥陀経《あみだきょう》・般若心経《はんにゃしんぎょう》）
法華経二十八品等を、後鳥羽《ごとば》上皇をはじめとする別々の人物が一巻ずつ書写した装飾経。鎌倉時代前期に、幕府と関係の深い摂関家の九条家周辺で制作されたと考えられている。江戸時代、御三卿《ごさんきょう》田安《たやす》家と姻戚《いんせき》近衛《このえ》家を中心とする補写事業が行われた。国宝

都幾山《ときさん》慈光寺《じこうじ》は、ときがわ町西平《にしだいら》に所在する天台宗の山岳寺院である。673年の開基、奈良時代の創建と伝え、開山は鑑真《がんじん》の弟子道忠《どうちゅう》とされる。鎌倉幕府の祈願寺となり、その繁栄ぶりは、現在まで守り伝えられた多くの文化財が雄弁に物語っている。周囲の山中には多数の僧坊跡が発見されており、「一山七十五坊」といわれる大伽藍《がらん》の規模を今に伝えている。（根ヶ山）

＊青石塔婆以外の画像は、埼玉県立歴史と民俗の博物館提供

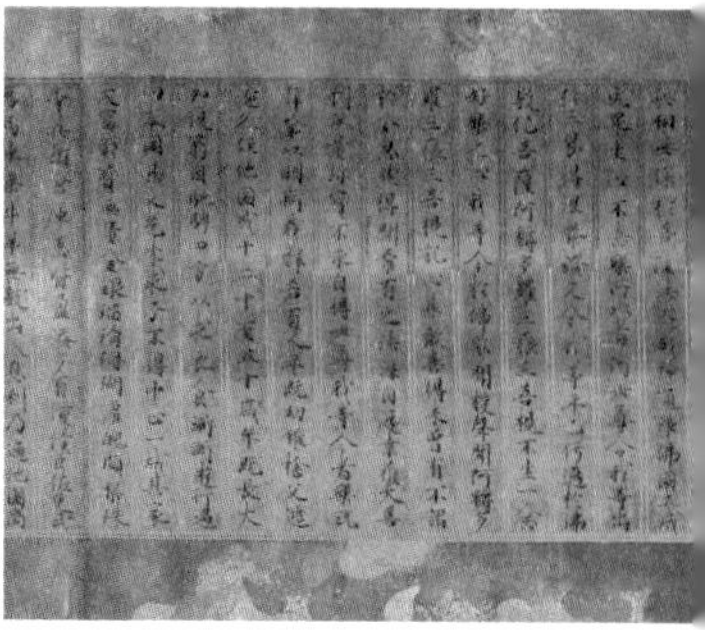

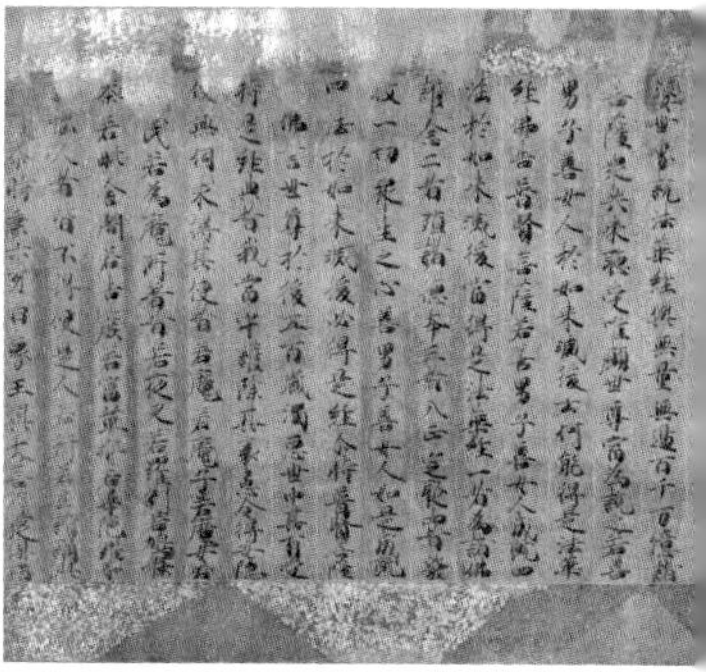

銅鐘《どうしょう》

1245年（寛元《かんげん》3）に栄朝《えいちょう》が願主となり、物部重光《もののべしげみつ》により鋳造。栄朝は慈光寺で出家した後、京都で栄西《えいさい》に師事し、慈光寺塔頭《たっちゅう》の霊山院《りょうぜんいん》や長楽寺《ちょうらくじ》（群馬県太田市）を開いた。重光は鎌倉建長寺の梵鐘《ぼんしょう》の作者として知られる名工である。重文

青石塔婆《あおいしとうば》

慈光寺の参道脇、山門（仁王門）跡とされる場所に並び立つ板碑《いたび》群。13世紀後半から15世紀半ばまでの紀年銘をもつ８基（ほか１基は本堂内保管）で構成される。これらの板碑は、後世に山内各所から集められたものである。県指定

木造聖僧文殊坐像《もくぞうせいそうもんじゅざぞう》

宝物殿に安置される僧形《そうぎょう》の文殊菩薩像。寄木造《よせぎづくり》、木眼（現状）、もと彩色。骨太で肩幅の広い壮年の姿をとる。1295年（永仁《えいにん》３）、仏師光慶《こうけい》の造立。光慶は、慶派の流れをくむ在地仏師と考えられている。県指定

小田原北条氏の重要拠点として関東有数の規模を誇った戦国城郭鉢形城跡

鉢形城《はちがた》(寄居町)が歴史上にその名を表すのは、一四七六年(文《ぶん》明《めい》八)、長尾《ながお》景春《かげはる》が同城にて関《かん》東管領《とうかんれい》山内上杉顕定《やまのうちうえすぎあきさだ》に叛《そむ》いた「長尾景春の乱」である。その後、山内上杉氏の重臣藤田《ふじた》氏の養子となった北条氏邦《ほうじょううじくに》の居城として小田原北条氏の北関東における重要拠点として機能する。豊臣秀吉による北条攻めでは、氏邦自ら上杉景勝《かげかつ》らと戦うが激戦の末、開城した。国史（新井）

本《ほん》曲輪《くるわ》
鉢形城跡の本曲輪は、荒川右岸の崖上に設けられ、伝御殿曲輪と伝御殿下曲輪に分かれている。伝御殿曲輪には、城主の館があったと伝えられている。

石積土塁《いしづみどるい》
三の曲輪北側部分(伝秩父《ちちぶ》曲輪)では石積土塁が確認される。土塁の表面に川原石を階段状に積み上げているのが特徴で、約1メートル積んでは控えを造り、さらに積み上げて土塁全体を高く造り上げている。

二《に》の曲輪《くるわ》と堀跡《ほりあと》

発掘調査では掘立柱建物跡や鍛冶工房などが確認されている。調査によって、この曲輪と三の曲輪の間にある堀に沿って、土塁の基底部が確認されたことから、土塁を復元整備している。

庭園復元遺構《ていえんふくげんいこう》

池遺構や掘立柱建物跡16カ所のほか柵《さく》列《れつ》・土坑《どこう》・溝などが確認されている。池遺構には立石の抜き取り跡などは確認できず、雨水を溜《た》めていたものと思われる。四阿《あずまや》は、確認された掘立柱建物跡のなかでもっとも池に近い遺構上に盛土後、建築している。

四脚門《しきゃくもん》

発掘調査で検出した礎石と石階段から四脚門と想定し、復元されている。イメージは「洛中洛外図屏風《らくちゅうらくがいずびょうぶ》」に描かれている管領細川邸《かんれいほそかわ》の板屋根の意匠を採用。門右手には土塀を想定し、左手には土塁が接していたものと思われる。

江戸中期の華麗な宗教建築が、庶民信仰の隆盛を物語る歓喜院聖天堂

「聖天《しょうでん》さま」と親しまれ、篤《あつ》い信仰を集めている歓喜院《かんぎいん》(熊谷市)。その本堂が聖天堂である。一一七九年(治承《じしょう》三)創建と伝わり、一七二〇年(享保《きょうほう》五)に院主海算《かいさん》の発願《ほつがん》により再建、地元の大工林《はやし》兵庫《ひょうご》正清《まさきよ》により建てられ、約四〇年の歳月により完成した。奥殿は、多彩な彫刻技法と色漆塗りや金箔押しなどにより極彩色を施し、江戸時代の建築装飾技法が凝縮しており、「埼玉の小日光」と親しまれている。(杉山)

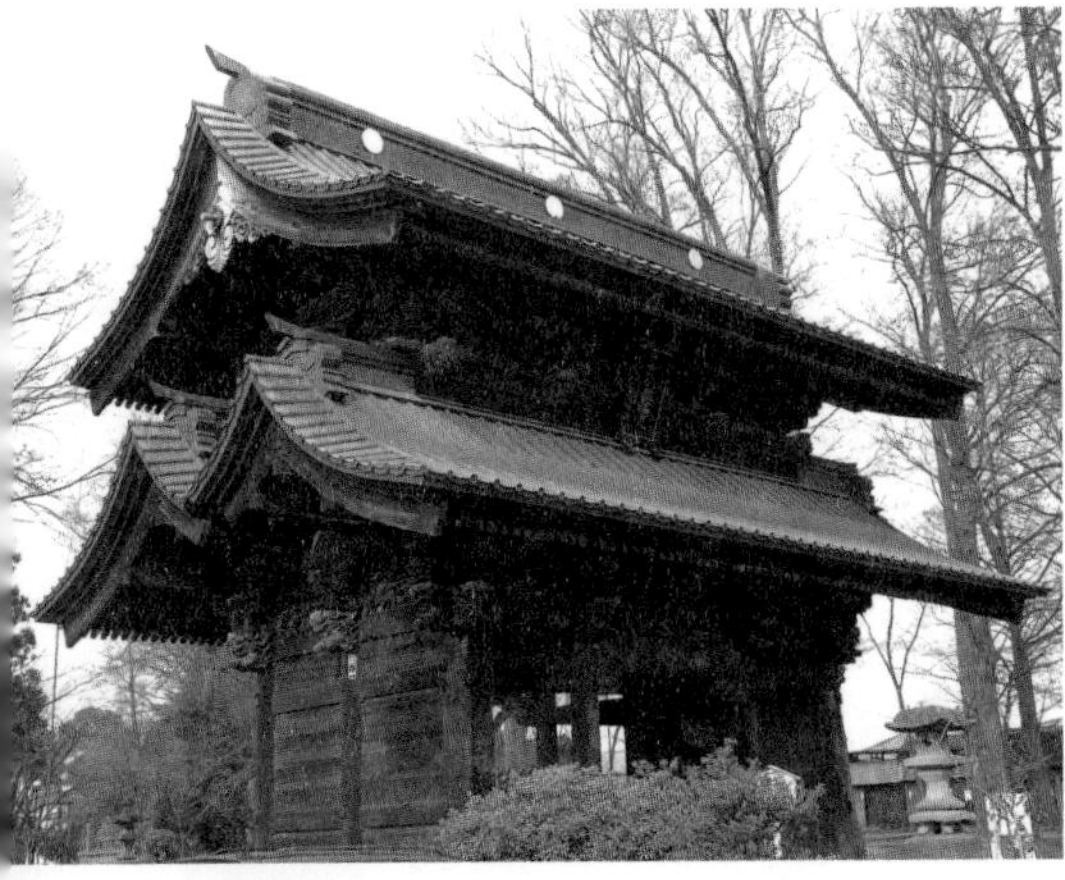

貴惣門《きそうもん》

歓喜院聖天堂への参道入り口に存在感を示すひときわ大きな門。岩国錦帯橋《いわくにきんたいきょう》の架け替えを担当した長谷川《はせがわ》重《じゅう》右衛門《うえもん》が設計し、林正清に図面を託した。それから約100年後の1851年(嘉永《かえい》4)、正清の子孫である林正道《まさみち》により建てられた。側面から見える3つ重なる破風《はふ》は、全国でも4例しかない屋根の形で、精緻な彫刻とともに見所となっている。重文

＊写真はすべて、歓喜院提供

本殿彫刻《ほんでんちょうこく》

1760年(宝暦《ほうれき》10)、林正清と、子の正信《まさのぶ》2代の手により完成。彫刻は、日光東照宮修復にも携わった石原吟八郎《いしはらぎんぱちろう》を中心に制作された。彫刻・漆塗り・彩色などの装飾は、日光東照宮との共通性が指摘され、当時の装飾技法が凝縮されている。とくに奥殿の一対の「鳳凰《ほうおう》」の彫刻は精緻を極め、「司馬温公《しばおんこう》の瓶《かめ》割り」や拝殿の「琴棋書画《きんきしょが》」など中国の故事に題材を取った画題が多い。国宝

聖天堂本殿《しょうでんどうほんでん》

建物は、拝殿・中殿・奥殿で構成されている。明治の神仏分離令以前は「聖天宮」と称し、拝殿・御幣殿(中殿)・御本社(奥殿)と、神社の名称で呼ばれ、日光東照宮に代表される権現造《ごんげんづくり》の建築様式である。歓喜院は、聖天宮を管理する別当寺であった。国宝

「近代日本経済の父」渋沢栄一の生誕地・血洗島

　近代日本の礎を築いた日本経済の父・渋沢栄一《しぶさわえいいち》。彼は実業家として知られているが、後半生は社会福祉・教育・文化・文化財保護・国際平和交流と多岐にわたる分野で活動している。彼の出身地である深谷市血《ち》洗島《あらいじま》には、生家跡をはじめ、携わった企業や遺跡などが残されている。

　さらに県内各地には、日米平和交流事業でアメリカから贈られた友情人形も一二体残されており、渋沢栄一の思いを今に伝えている。（杉山）

誠之堂《せいしどう》

1916年（大正5）、栄一が創立し初代頭取を務めた第一銀行の行員たちが出資し、栄一の喜寿を祝って東京都世田谷区に建築された（2011年〈平成23〉に移築）。煉瓦は、栄一が創設した日本煉瓦製造会社上敷免《じょうしきめん》製が使われ、煉瓦壁には、「喜壽」の文字が装飾されている。誠之堂の名称は、栄一自ら「中庸」の一節「誠は天の道なり、これを誠にするは人の道なり」にちなんで名づけられた（深谷市提供）。重文

中《なか》の家《んち》

渋沢栄一の生誕地に建つ旧渋沢邸。栄一が生まれた家は焼失し、1895年(明治28)に再建された。栄一が血洗島に帰郷した際には、この家に滞在して寝泊まりをした。「渋沢栄一生地」は県指定文化財(深谷市提供)。市指定

友情《ゆうじょう》人形《にんぎょう》(左)と復元された答礼《とうれい》人形《にんぎょう》(右)

日米関係が悪化した1927年(昭和2)、アメリカ人牧師・ギューリック博士と図って人形の交流事業を行い、アメリカからは友情人形、いわゆる青い目の人形が、日本からは答礼人形が贈られた。埼玉県には178体の人形が届いたが、不幸な戦争により現在では12体が確認されているにすぎない。「ミス埼玉」として海を渡った答礼人形は、栄一自らが「秩父《ちちぶ》嶺玉子《ねたまこ》」と名づけている(左:越谷市立大沢小学校所蔵。右:埼玉県立歴史と民俗の博物館所蔵、ともに同館提供)。

江戸・明治・大正～現在――様々な時代を体感できる小江戸・川越

都心からほど近く、江戸の面影を残す川越《かわごえ》。その歴史は一八九三年（明治二十六）三月に発生した川越大火に始まる。町の三分の一を焼失するほどの火災であったが、蔵造りの建物だけが焼失を免れたことから、川越商人は蔵造りで再建。一九九九年（平成十一）、蔵造りの町並みは、重要伝統的建造物群保存地区に指定され、二〇〇七年には、「美しい日本の歴史的風土百選」に選定された。（杉山）

川越城本丸御殿《かわごえじょうほんまるごてん》（上）と中ノ門堀跡《なかのもんほりあと》

現存する建物は、1848年（嘉永《かえい》元）に川越藩主松平斉典《まつだいらなりつね》により建てられた本丸御殿の一部として、玄関・大広間・家老詰所が残されている。日本で本丸御殿の大広間が現存するのは川越城と高知城だけという。隣の三芳野《みよしの》神社は、童謡「通りゃんせ」発祥の地。近くの「中ノ門堀跡」には、松平信綱《のぶつな》による大改修の際に造られた堀がみられる（ともに川越市教育委員会提供）。県指定

時《とき》の鐘《かね》

小江戸川越のシンボル的な時の鐘。高さ16.2メートル。江戸初期に建設され、現在は、川越大火の翌年に再建された４代目。鐘楼建物は、川越市指定文化財で、鐘の音は、毎日4回鳴らされ、「日本の音風景100選」に選定されている(川越市教育委員会提供)。市指定

大沢《おおさわ》家《け》住宅《じゅうたく》

呉服太物商を営んでいた近江《おうみ》屋西村半右衛門が建てた蔵造り。1792年(寛政《かんせい》4)に建てられ、明治の川越大火で焼け残った江戸時代からの唯一の建物である。この蔵造りの防火性から、類焼を防ぐということで川越商人に蔵造りを建てさせるきっかけとなった(川越市教育委員会提供)。

重文

蔵《くら》造《づく》りの町《まち》並《な》み

川越一番街は、両側に蔵造りの町並みが続く。江戸時代の建築大沢家住宅や蔵造り資料館のほか、大正時代に建てられたルネサンス様式の旧八十五銀行本店や旧山崎家別邸、旧山吉《やまきち》デパートなど、明治から大正にかけての建築もみられる。また、10月の氷川《ひかわ》神社の例大祭川越まつりの「山車行事」では、一番街に山車が曳行《えいこう》される(川越市都市景観課提供)。

秩父・長瀞の中心部 畳二万枚分の広さを誇る岩畳

長瀞《ながとろ》は秩父《ちちぶ》山地と関東平野を隔てる結晶片岩《けっしょうへんがん》地帯にあたり、荒川によって独特な峡谷が造りだされた。長瀞を含む秩父地域は「日本地質学発祥の地」といわれ、明治・大正時代には全国的に有名な地質巡検地となった。また、大正から昭和初期の観光ブームの際は、都心から日帰りや一泊旅行の行き先として人気を博し、現在も多くの人々が訪れている。**国名** **国天**　（水口）

岩畳《いわだたみ》
長瀞町・皆野町にまたがる「長瀞」は、国の名勝及び天然記念物に指定されている。手前に見える岩畳は結晶片岩が荒川によって浸食されてできた河成段丘《かせいだんきゅう》である。荒川の対岸に見える小高い岩塊は「白《しら》鳥島《とりじま》」と呼ばれている。かつては小船で渡ることができた（長瀞町。筆者提供）。

秩父《ちちぶ》ながとろ遊園《ゆうえん》地図絵《ちずえ》

秩父鉄道が昭和初期に発行した観光案内。観光客を呼びこむために大正から昭和初期には鳥瞰図《ちょうかんず》を取り入れた色鮮やかな観光パンフレットが数多く作られた。秩父鉄道が1911年(明治44)に開通したことにより、秩父へのアクセスが格段に良くなった(個人所蔵)。

埼玉県の歴史講義12章

各時代の特色を専門家が執筆。
魅力あふれる埼玉県の歴史を再発見し、
他地域や世界とのつながりを知る。

精緻な縄張りが特徴的な中世の山城・杉山城跡。続日本の100名城にも選ばれている（嵐山町）国史

生出塚埴輪窯跡出土貴人埴輪（行田市郷土博物館提供）重文

日光御成道の大門宿本陣表門(會田真言氏所有。さいたま市教育委員会提供) 県指定

渋沢栄一らが創業した日本煉瓦製造株式会社で製造された煉瓦を運ぶ貨物線の線路に架けられた福川鉄橋(深谷市) 市指定

1章

埼玉にも海があった

縄文時代には、温暖化により埼玉にも低地部には深い渓谷が存在し、そこに海が侵入していた。大きくは大宮台地内の入り江があり、大宮台地の西側に現在の荒川と利根川が流れる古入間湾、東側に奥東京湾が存在し、群馬県板倉町、栃木県野木町、茨城県古河市辺りまで海が侵入していた。

初めての海

初めての海は、縄文時代早期初頭(約一万年前)の千葉県神崎町の西の城《にしじょう》貝塚である。この時代の貝塚は埼玉県にはないが、早期中葉(約八五〇〇年前)の石臼稲荷《いしうすいなり》貝塚(川口市)が県内初めての貝塚といわれている。発掘調査が行われていないため詳細ははっきりしないが、ヤマトシジミ・マガキが貝塚からは出土しているようである。しかしながら周辺で前後する時期の貝塚は発見されておらず海は安定して存在していなかったようである。

おもな貝種の生息域は、ヤマトシジミは河口などで海水と淡水(川の水)の両方混じり合っている水域の汽水域に棲息《せいそく》し、アサリは海水域でも砂泥底にハマグリは泥底を好んで棲息する。

徐々に安定した海の侵入へ

早期後半(約七五〇〇年前)になると埼玉県も貝塚が徐々に形成されるようになり、多くは最奥部に存在しているが、これは低地部が現状のような地形ではなく、地下には二段の谷が存在し、最深部は五〇メートル近くもの深さを持つグランドキャニオンのような地形が存在し、この部分に海水が侵入してきたと考えられている(35ページ図1)。

古入間湾《こいるまわん》では、右岸で小仙波《こせんば》貝塚(川越市)、左岸では谷津《やつ》遺跡(桶川市)、畔吉《あぜよし》貝塚(上尾市)などが存在する。古入間湾の貝塚では主要貝種は、大部分の貝塚でヤマトシジミであるが、畔吉貝塚ではヤマトシジミ・ハイガイ・マガキである。ハイガイ・マガキの生息域は、潮間帯域である。これは満潮時の海岸線と干潮時の海岸線の間の領域であり、若干淡水の影

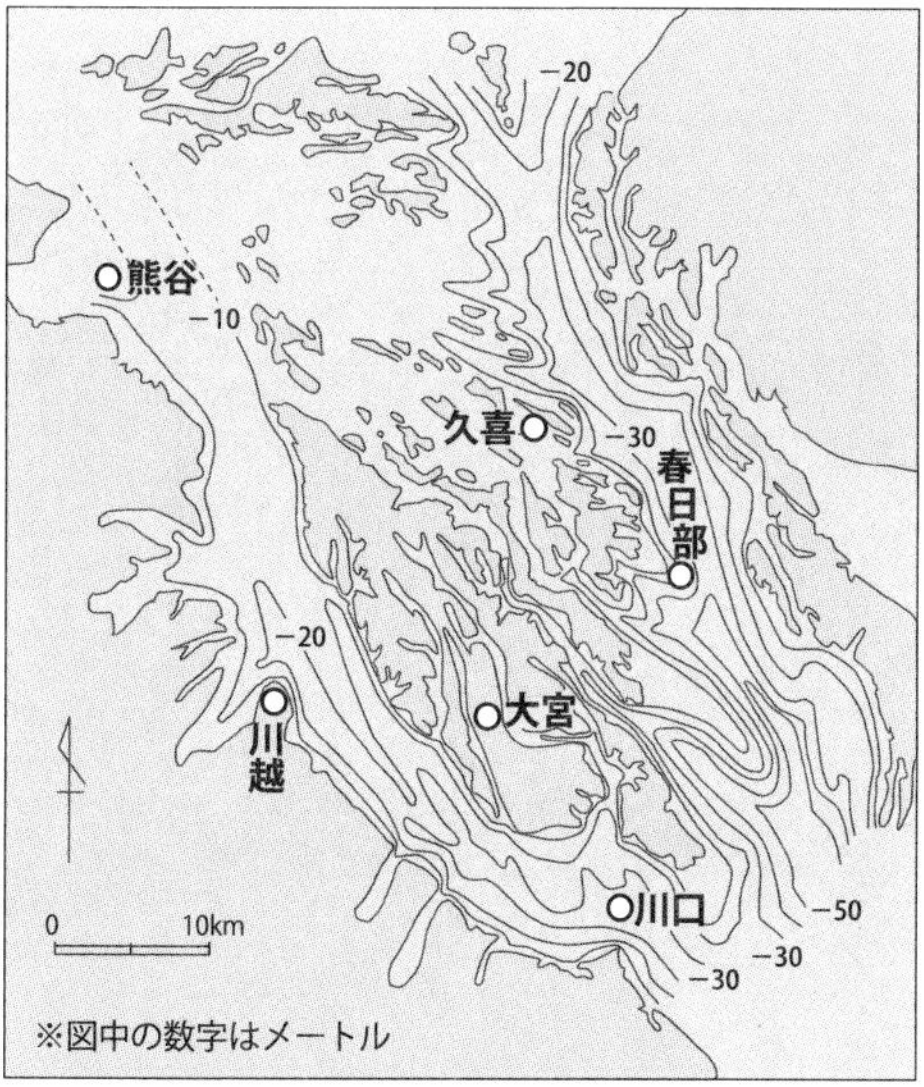

埼玉平野の地層と標高(平社定夫「平野部における荒川の形成した地形」『荒川　自然』〈荒川総合調査報告書1、埼玉県、1987年〉掲載図を元に作成)

響を受けた地域といえる。

芝川《しばかわ》の流れる芝川渓谷でも馬場小室山《ばんばおむろやま》遺跡(さいたま市緑区)・北宿《きたじゅく》遺跡(同前)が最奥部に近い箇所で存在する。主要貝種はハイガイである。綾瀬川《あやせがわ》の流れる綾瀬川渓谷では、最奥部の貝塚から約七キロ下流の箕輪《みのわ》貝塚(さいたま市岩槻区)でハイガイ・マガキが出土している。元荒川《もとあらかわ》の流れる元荒川渓谷では、最奥部の貝塚から四キロ下流の天神前《てんじんまえ》遺跡(蓮田市)でハイガイを主体とした貝塚が検出されている。

奥東京湾では、右岸では最奥部付近の栃木市藤岡町、群馬県板倉町に小久保《こくぼ》第一・第二貝塚が存在し、いずれもヤマトシジミを主体とする。左岸では最奥部の貝塚から一九キロ下流の向台《むこうだい》遺跡(杉戸町)でハイガイ・マガキを主体とする貝塚が存在する。

さらなる安定期へ(図2・3・4)

前期初頭(約六五〇〇年前)に入ると古入間湾右岸側では、最奥部より約九キロ下流の打越《おっこし》遺跡(富士見市)でヤマトシジミを主体とする。左岸側では約四キロ下流の箕輪《みのわ》Ⅱ遺跡(上尾市)でサメが発見されているが、海水の状況は判然としない。奥東京湾右岸では、約二九キロ下流の花積《はなづみ》貝塚(春日部市)でハイガイ・マガキを主体とし、左岸では一九キロ下流の宮前《みやまえ》遺跡(杉戸町)となる。大宮台地内の小入江では、綾瀬川渓谷では約二・五キロ下流の坂堂《さかんど》貝塚(蓮田市)が、元荒川渓谷では約七・五キロ下流の南《みなみ》遺跡(さいたま市岩槻区)となり、芝川渓谷では発見されていない。

次の前期前半、土器型式でいう関山《せきやま》式期(約六〇〇〇年前)では、古入間湾右岸で最奥部の小仙波貝塚で該期の貝塚が確認されており、貝種も同様のヤマトシジミのようであるが、調査事例はない。左岸では約六・五キロ下流の琵琶島《びわじま》貝塚(さいたま市西区)でヤマトシジミ・マガキを主体とする。奥東京湾右岸では、渡良瀬川《わたらせがわ》と思川《おもいがわ》に挟まれた小さな半島状の地形に藤岡《ふじおか》貝塚(栃木市)が最奥部に存在し、

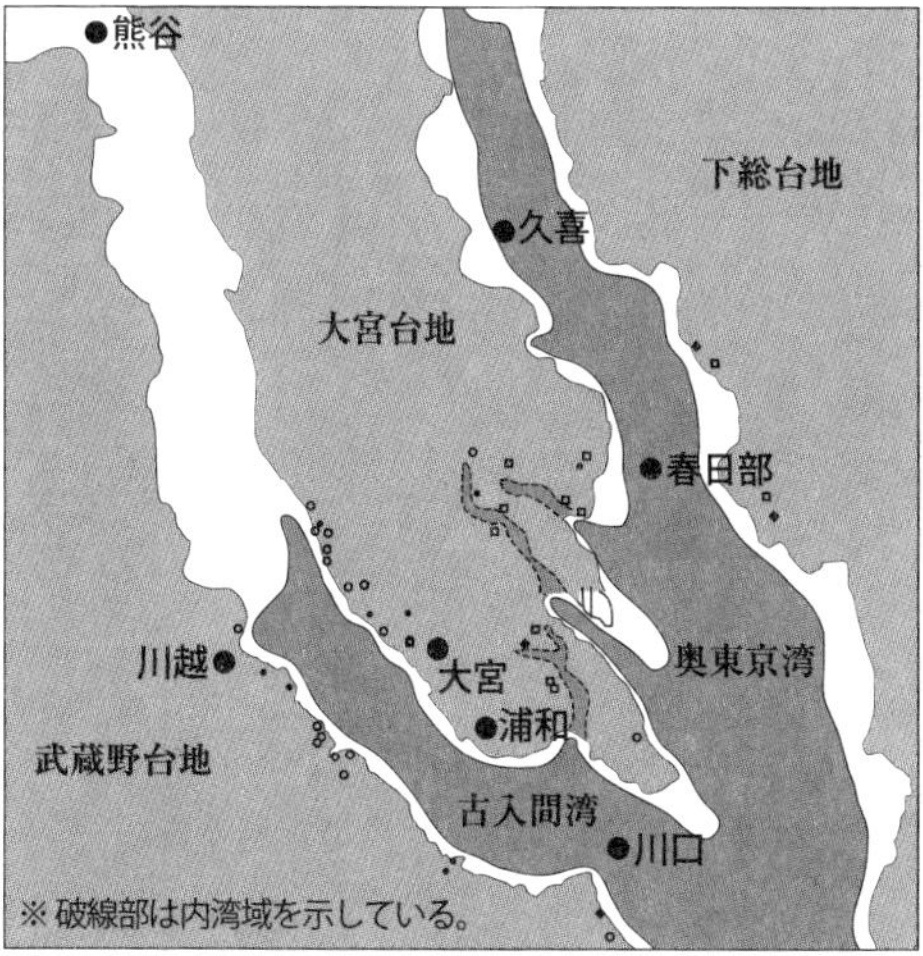

図1　縄文時代早期末葉〜前期初頭の貝塚分布

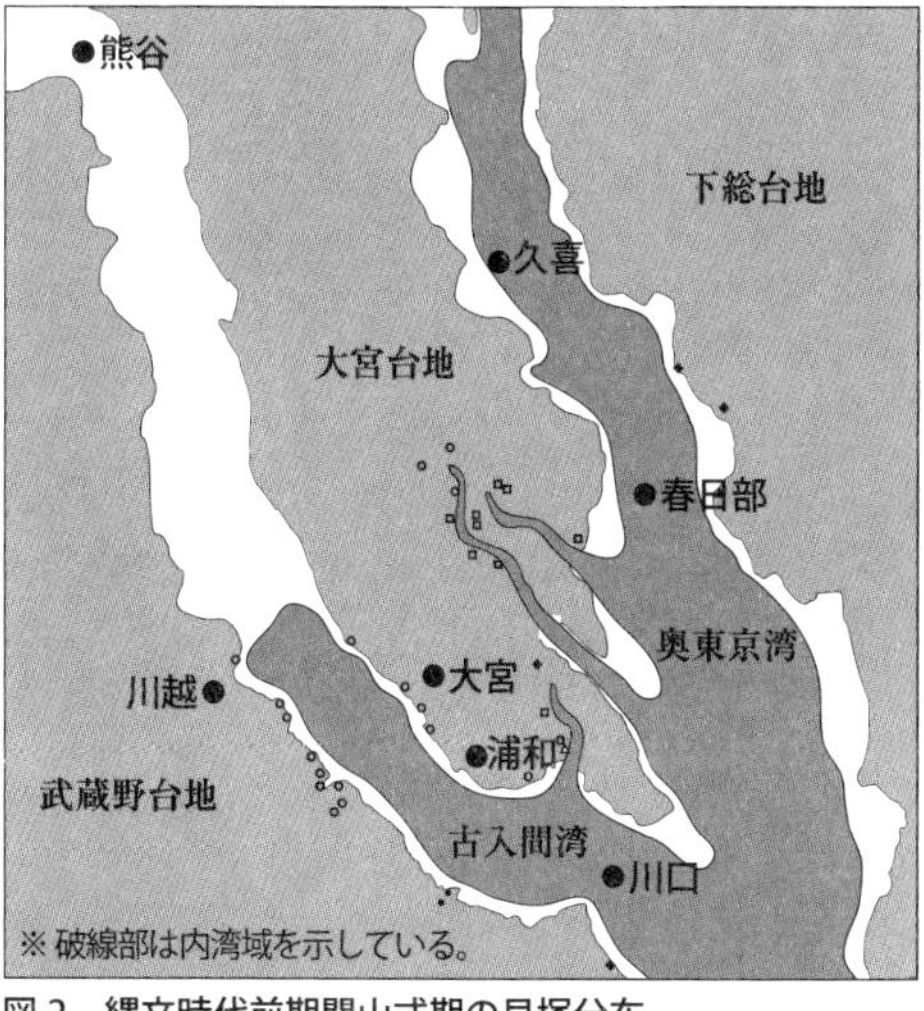

図2　縄文時代前期関山式期の貝塚分布

○ヤマトシジミ主体
□マガキ・ハイガイ主体
△アサリ・ハマグリ主体
◆主鹹・純鹹（海産の貝類主体）
▼オオタニシ主体
● 貝種不明

関山I式期で、ヤマトシジミを主体とするようである。左岸側では約二〇キロ下流の鷲巣前原《わしのすまえはら》遺跡(杉戸町)で関山II式期であり、アサリ・ハマグリ・ハイガイを主体とする。大宮台地内の小入江では、芝川渓谷で、最奥部に関山式期といわれる井沼方南《いぬまかたみなみ》遺跡(さいたま市緑区)があり、ヤマトシジミなどを主体とするようである。綾瀬川渓谷では、両岸とも最奥部の貝塚は関山式期であり、大針《おおばり》貝塚(伊奈町)、栗崎《くりさき》貝塚(蓮田市)で、大針貝塚は関山I式期でヤマトシジミを主体とする。

この時期には、各湾域で魚類も見られ、富士見市では汽水域に棲息するクロダイ・スズキ・メナダ・コチなど、水深二〇メートル以上に棲息するマダイ、川に棲息するコイ・ウナギも発見されている。対岸の左岸ではこれらのほかに、エイ・イワシ・アジ・キス・ハゼ・シタビラメも見られ、川に棲息するウグイ・ギギも見られる。奥東京湾でも同様であるが、本郷《ほんごう》貝塚(松伏町)からは、ウミガメも発見されており、イルカも見つかっている。元荒川渓谷の黒浜《くろはま》貝塚(蓮田市)では、体長二〇センチに満たないセイゴの耳石《じせき》が多量に発見されており、警戒心の強いセイゴを大量に得る方法を確立していた。

次の黒浜式期(約五七五〇〜五三〇〇年前)では、古入間湾右岸で約四キロ下流の川崎《かわさき》遺跡(ふじみ野市)・上福岡《かみふくおか》貝塚(同前)でヤマトシジミを主体とする。左岸では約一一キロ下流の側ヶ谷戸《そばがいと》貝塚(さいたま市大宮区)があり、ヤマトシジミを主体とする。鴨川《かもがわ》谷の奥部約七キロ入り込んだ地点に立地する。奥東京湾右岸では、発掘事例がなく判然としないが、左岸では最奥部の栃木県野木町に三遺跡存在し、発掘調査が実施されている野渡《のわた》貝塚ではヤマトシジミを主体とする。

大宮台地内の小入江では、芝川渓谷で、最奥部に近い大古里《おぶさと》遺跡(さいたま市緑区)でヤマトシジミ・

マガキを主体とする貝塚が存在する。綾瀬川渓谷では、最奥部貝塚から約八キロ下流の宮《みや》ヶ《が》谷《や》塔《とう》貝塚（さいたま市見沼区）に存在し、ハイガイを主体とする。元荒川渓谷では、最奥部の貝塚が該期と考えられ、正福院《しょうふくいん》貝塚（白岡市）、綾瀬貝塚（蓮田市）がある。綾瀬貝塚では昭和初期に調査が実施されているが、詳細な報告はない。いずれもヤマトシジミを主体とし、黒浜式期から諸磯《もろいそ》a式と考えられる。

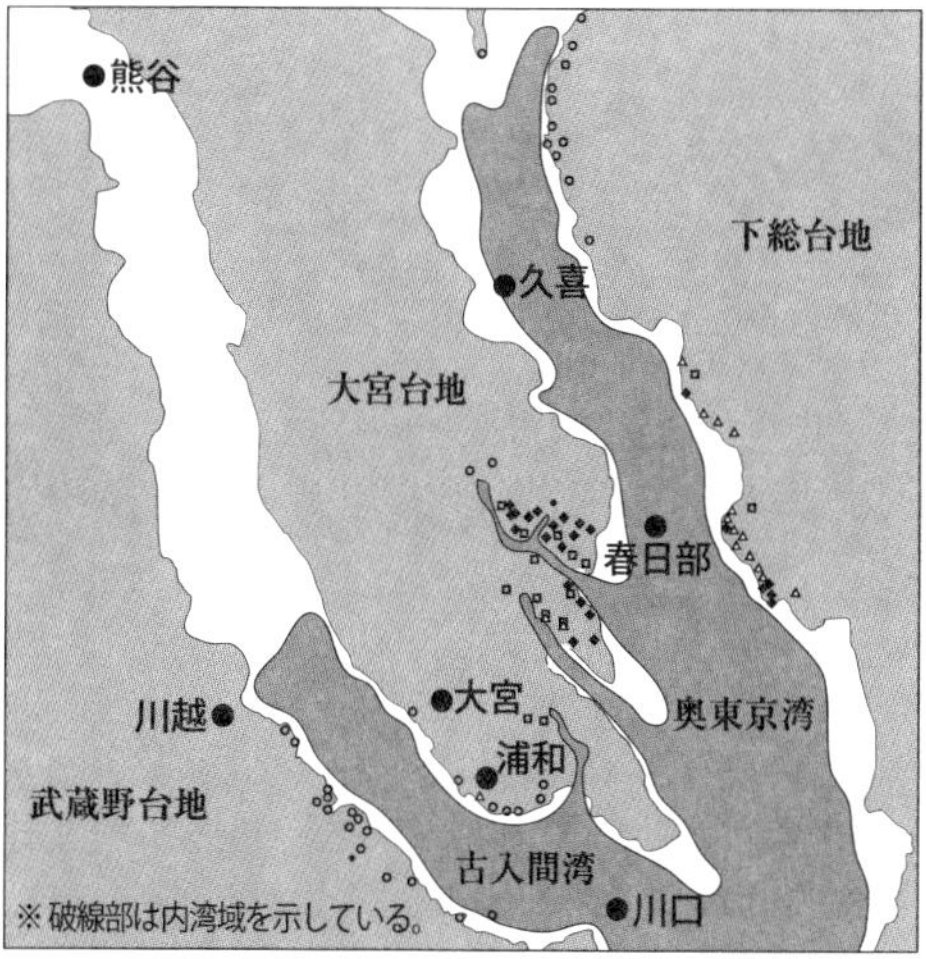

図3　縄文時代前期黒浜式期の貝塚分布

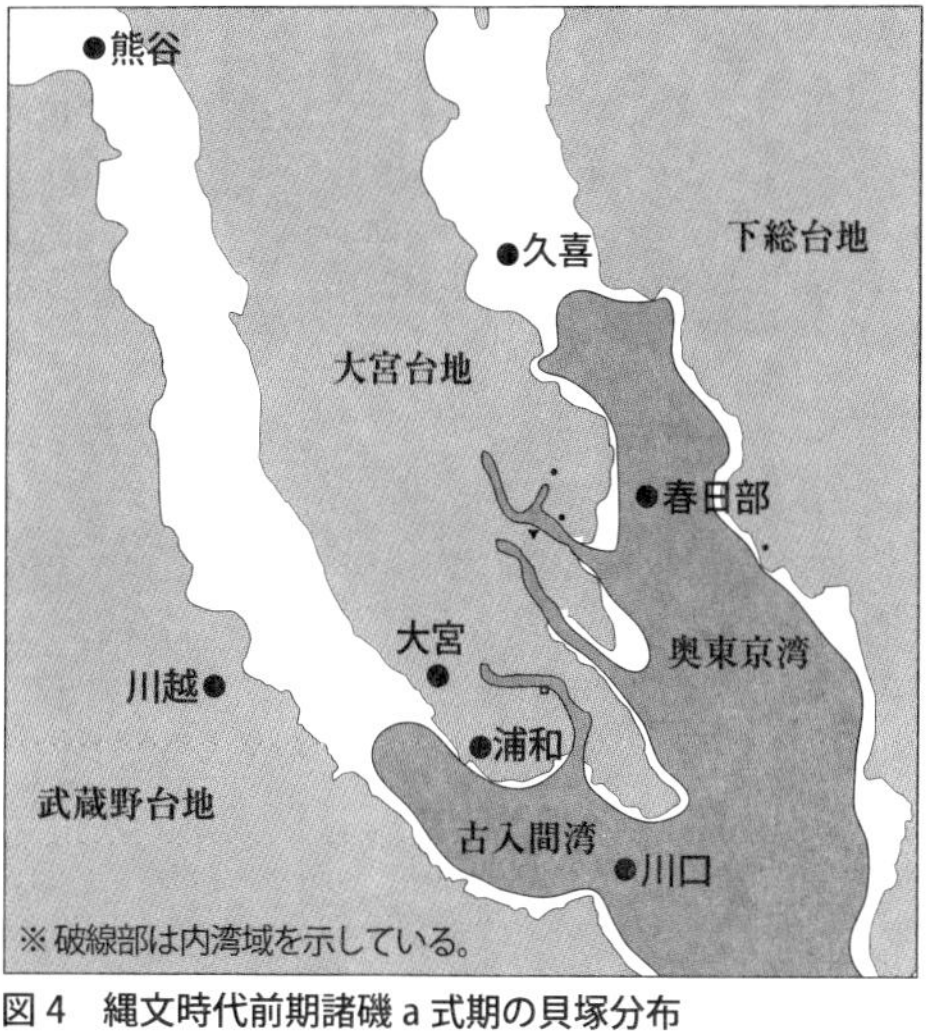

図4　縄文時代前期諸磯 a 式期の貝塚分布

○ ヤマトシジミ主体
□ マガキ・ハイガイ主体
△ アサリ・ハマグリ主体
◆ 主鹹・純鹹（海産の貝類主体）
▼ オオタニシ主体
● 貝種不明

諸磯a式期(約五二〇〇年前)の古入間湾では、右岸で最奥部から九・五キロ下流の水子《みずこ》貝塚(富士見市)で貝種はヤマトシジミを主体とする。左岸では最奥部から一八キロ下流の大谷場《おおやば》貝塚(さいたま市南区)で、ヤマトシジミを主体とする。奥東京湾側では、右岸は裏慈恩寺谷中耕地《うらじおんじやなかこうち》貝塚(さいたま市岩槻区)で未調査ではあるがアサリ、ハマグリ、オキシジミ、アカニシなどを主体とする。左岸側では、最奥部から約三キロ下流の城地《しろち》遺跡(茨城県古河市)で、ヤマトシジミ・マガキを主体とする。

大宮台地の小渓谷では、芝川渓谷で黒浜式期と同じ大古里遺跡でヤマトシジミ・マガキを主体とする貝塚が存在する。綾瀬川渓谷では、最奥部から約七キロ下流の貝崎《かいさき》貝塚(さいたま市見沼区)でハイガイ・マガキを主体とする。元荒川渓谷では、黒浜式期と同様であるが、三・五キロ下流の黒浜貝塚群(蓮田市)では、アサリ・ハイガイ・マガキなどを主体とする多くの貝塚が形成されている。

最大海進期は前期中葉の黒浜式〜諸磯a式期といわれており、黒浜貝塚の調査では標高二・六五メートル付近まで海進があったことが確認されている。

海の後退と再びの侵入(図5)

県内では次の諸磯b式期古段階の貝塚が元荒川渓谷の掛《かけ》貝塚(さいたま市岩槻区)でハイガイ・マガキを主体とする貝塚が、綾瀬川渓谷の二十一番耕地Ⅰ遺跡(上尾市)でハイガイを主体とする貝塚が存在するが、これ以降は海の影響が見られる貝塚は前期には確認されていないが、前期末葉に奥東京湾で約一八・五キロ下流の木津内《きづうち》貝塚(杉戸町)でアサリ・オキシジミを主体とする。

次に影響が見えるのは縄文時代中期後半（約四三〇〇年前）である。古入間湾では、右岸で最奥部から約一五キロ下流の城戸《しろと》遺跡（岡城山《おかのしろやま》貝塚。朝霞市）でヤマトシジミを主体とする。左岸側では約一〇キロ下流の側ヶ谷戸貝塚でヤマトシジミを主体とする。奥東京湾では、二七キロ下流の坊荒句《ぼうあらく》遺跡（春日部市）でハイガイを主体とする。左岸では約一〇キロ下流の小手指《こてさし》貝塚（茨城県五霞町）でシオフキ・

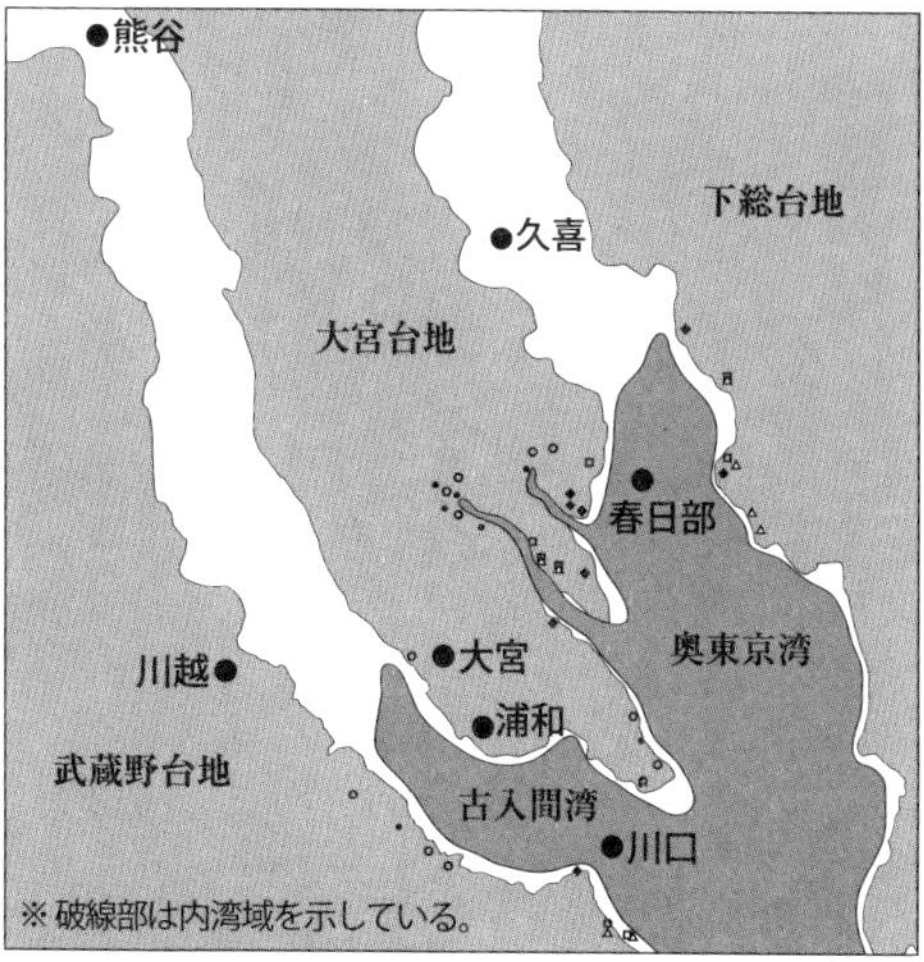

図5　縄文時代中期の貝塚分布

図6　縄文時代後期中葉以降の貝塚分布

○ヤマトシジミ主体　◆主鹹・純鹹（海産の貝類主体）
□マガキ・ハイガイ主体　▼オオタニシ主体
△アサリ・ハマグリ主体　● 貝種不明

マガキなどを主体とする。埼玉県域ではさらに一五キロ下流の風早《かざはや》遺跡(春日部市)でハイガイ・マガキを主体とする。小渓谷では、芝川渓谷ではほぼ最奥部に椚谷《くぬぎやつ》遺跡(さいたま市緑区)でハイガイ・マガキ・オキシジミなどを主体とする。綾瀬川渓谷では、約五・五キロ下流の秩父山《ちちぶやま》遺跡(上尾市)でヤマトシジミを主体とする。元荒川渓谷では、約三キロ下流の椿山《つばきやま》遺跡(蓮田市)でヤマトシジミを主体とする。

海の再後退と再々侵入(図6)

中期末葉から後期前半期の貝塚は確認されておらず、この時期には海は埼玉から後退していた。再海進は、後期初頭称名寺《しょうみょうじ》式期(約三八〇〇年前)のものが川口市に存在するが、調査事例もなく貝種も判然としないため、海の状況も不明である。奥東京湾左岸の本郷貝塚ではオキシジミの貝塚が存在し、わずかに海の影響がうかがえるが、安定してはいなかったようである。

明確な貝塚の存在は、後期中葉堀之内《ほりのうち》式期(約三七〇〇年前)である。しかし、古入間湾右岸では埼玉まで海の侵入は見られず、貝塚は存在しない。大宮台地側の古入間湾左岸でも同様である。後期末葉(約三二五〇年前)まで存在している。晩期(約三〇〇〇~二八〇〇年前)に入っても同様だが、奥東京湾では県内の貝塚は存在しないが、千葉県野田市内では湾奥にも存在しており、この辺りまで海水の影響があったようである。

古入間湾に海水がこの時期に入り込まない原因は、当時古入間湾に流れていた河川にあり、当時は荒川だけでなく利根川も還流していた。この両河川が運ぶ土砂量により、湾域の土砂堆積が進み深い渓谷をも埋めてしまったためと考えられる。また、ヤマトシジミを主体とする貝塚が古入間湾では多い原因もこの水量に起因する可能性が高い。

最後に、草加市などの県南部地域では、現在も海水の影響があり、干満により河川の水量が変化しており、スズキやボラなどの回遊魚が生息する汽水域が現在も存在することを申し添えておきたい。

（田中）

水子貝塚発掘現場の再現模型（富士見市水子貝塚資料館提供）

黒浜貝塚VR画像（蓮田市文化財展示館内）

埼玉県の史跡・文化財を知る①

水《みず》子《こ》貝《かい》塚《づか》

典型的な環状集落で初めての貝塚遺跡史跡指定

↓P178

一八九四年(明治二十七)に発見。昭和初期に二カ所の貝層をともなう竪穴《たてあな》住居を初めて発掘し、地点貝塚が馬蹄《ばてい》形に分布する状況を確認している。縄文時代前期の貝塚五〇カ所が確認され、環状に巡る集落の形態が明らかになり、一九六九年(昭和四十四)国史跡に指定された埼玉県初の貝塚である。史跡整備にともなう調査では第十五号復元住居の発掘を行い、良好な貝層、埋葬人骨、犬骨が発見され、遺構がガイダンス施設で再現されている。隣接の資料館では、市内各所からの出土品も展示され、獣面装飾付土器(県指定)なども展示されている。

富士見市水子貝塚資料館提供

DATA

国史 富士見市水子

黒《くろ》浜《はま》貝《かい》塚《づか》

黒浜式の標式遺跡で凹地状の広場をもつ環状集落

↓P176

黒浜貝塚は、縄文時代前期中葉の関東地方を中心とする「黒浜式土器」の標式遺跡・貝塚として、国指定史跡とするため詳細確認調査が実施され、南関東の自然環境の変遷や当時の生業を考えるうえで重要であること、集落の構造が縄文時代中期以降に顕著となる環状集落の萌芽として見ることができ、集落の変遷を考えるうえでも貴重であるという点などから、二〇〇六年(平成十八)に国史跡に指定された。史跡は資料館内・史跡内でAR・VRにより四季の生活や海の干満も表現され、館では大型モニターによるゲームやクイズ体験もできる。

蓮田市教育委員会提供

DATA

国史 蓮田市黒浜(蓮田市役所隣)

真《しん》福《ぷく》寺《じ》貝《かい》塚《づか》

縄文後期から晩期の環状貝塚と低湿地遺跡

➡P176

一九七五年(昭和五十)に国史跡に指定され、縄文時代後期から晩期に営まれた当該期の特徴的な環状盛土遺構もともなう集落跡・貝塚である。遺跡は径約一五〇メートルの環状貝塚・中央凹《くぼ》地を中心とし、台地西側に入り込んだ綾瀬川の小支谷の沖積低湿地にまで広がる。大正末以来の数次の発掘が行われ、ほぼ完形な「みみずく土偶」(東京国立博物館蔵)は国の重要文化財に指定されている。また低湿地の泥炭層中から出土したクリなどの種子は、貝層中の動物遺体とともに貴重な資料である。整備のための発掘調査を継続的に実施している。

さいたま市教育委員会提供

DATA

国史 さいたま市岩槻区城南

神《しん》明《めい》貝《かい》塚《づか》

令和初の国史跡で縄文後期前半の環状貝塚

➡P176

東京湾岸域の最北に築かれ、東西一六〇メートル、南北一四〇メートルの環状貝塚がほぼ完全な形で現存する。食料資源の多様性と東京湾岸域の貝塚群の特徴を良好に示す重要な遺跡で、汽水性のヤマトシジミを主体とする貝塚であり、二〇二〇年(令和二)に国史跡に指定。四〇〇〇年前頃には草加市付近に海岸線があり、海岸線以北では河口や湖沼などの汽水域が存在していたと推察される。縄文時代後期前半には、千葉県野田市から本貝塚にかけて、汽水性の貝塚が形成され、神明貝塚は環境変動への適応と多様な資源利用が示された貝塚である。

春日部市教育委員会提供

DATA

国史 春日部市西親野井

県内初の弥生時代の国史跡——午王山遺跡

埼玉県の弥生時代の解明に向けて

和光市の午王山《ごぼうやま》遺跡は、武蔵野台地の北東端部、荒川を望む標高約二四メートルの独立丘陵（午王山）に営まれた弥生時代の環濠《かんごう》集落である。これまで実施された一五回の発掘調査によって約一五〇軒の竪穴建物《たてあなたてもの》（住居）が発見され、集落の時期は中期後半から後期後半までの約二〇〇年間、遺跡のピークは後期中葉前後にあることがわかった。

環濠は集落の当初からあったのではなく、後期に入ってから掘られたもので、午王山頂部に二重に巡っている。二重の環濠は併存していたこともわかった。内側の環濠の規模は東西一五三×南北九三メートル、濠の最大幅三・二メートル、深さ最大一・七メートルである。

また、午王山の西端部では南北方向に掘られた濠《ほり》も発見されており、これも環濠ではないかと推測されている。なお、環濠の外側では方形周溝墓《ほうけいしゅうこうぼ》が五基確認された。

環濠集落とは濠で囲まれた集落のことで、外敵や獣などに対する防御性を高めるために濠を掘ったというのが通説である。ただし、埼玉県の場合、弥生時代の一部の集落に環濠が造られたこと、弥生時代の遺跡から武器が多く出土していないこと、濠の継続時期が比較的短いことなどから、環濠の性格については議論となっている。

令和に入り国史跡に

ところで、土器は地域や時期によって形や文様が異なっており、考古学では標識となった遺跡の名前をとって「〇〇式」と呼んでいる。午王山遺跡では、中期後半には南関東地方の「宮ノ台《みやのだい》式」が主体的で、後期前葉には北関東地方の「岩鼻《いわはな》式」と南関東地方の「久ケ原《くがはら》式」とが共存している。さらに、後期中葉になると東海地方東部の「菊川《きくがわ》式」の影響がみられる、武蔵野台地北部地方の「下戸塚《しもとつか》式」が主体的となっている。

また、埼玉県では出土事例が少ない銅鐸《どうたく》形土製品三点や銅釧《どうくしろ》（腕輪）一点も出土している。これらの遺物は他地域と

環濠の断面形は典型的な「V」字形で、環濠に落ちると容易に登ることができない傾斜となっている（第７次調査。和光市教育委員会提供）

午王山遺跡航空写真（和光市教育委員会提供） 国史

の交流を物語っている。

和光市教育委員会では、一九九二年（平成四）から発掘調査された遺構の破壊を極力防ぎ、午王山の景観を保存する努力を続けてきた。また、発掘調査によって集落の構造や変遷が解明され、関東では類例の少ない弥生時代後期の同時性が確認できる多重環濠集落としての価値が認められ、二〇二〇年（令和二）に国指定史跡となった。今後、市教育委員会では史跡公園として整備する予定である。（水口）

2章 東国と古墳文化

古墳時代、前期に三つの地域圏が成立するものの中期にはいったん解体し、中期末以降さきたまの地に大型古墳が集中して造営される。そして終末期には評（郡）の拠点に方墳や上円下方墳が造営されるというように劇的に展開していく。古墳造営の動向から埼玉県域における国家形成の過程を垣間見る。

古墳時代前期の小世界——北武蔵地域

弥生時代後期後半（二世紀後半〜三世紀前半頃）になると地域間交流が活性化し、遠隔地の物資が流通するようになるとともに、人もまた流動化した。東京湾最奥部にあたる旧入間川《いるまがわ》河口域には太平洋沿岸伝いに東進した東海東部地域の人々が集団で流入し、在地の人々と融合して集落を形成した。彼らは先進的な農耕技術や道具を持ち込み、それまで未開であった低地の開発に積極的に乗り出した。旧入間川下流域に定着した人々は、やがて川沿いに北上し県中央部へと進出していく。

県央部に位置する松山台地は比較的なだらかな台地で、南側を都幾川《ときがわ》、北側を市野川《いちのかわ》が流れ、東京湾に注ぐ荒川に流れ込む。台地の西側には外秩父《そとちちぶ》山地がひかえ、北から東にかけて岩殿《いわどの》丘陵、南に吉見《よしみ》丘陵が迫り、三方を高台に囲まれた盆地状の景観を呈している。

この付近の台地や自然堤防上には、外来系の土器を多量にともなう古墳時代前期(三世紀後半〜四世紀頃)の遺跡が濃密に分布し拠点的な集落が形成された。五領《ごりょう》遺跡(東松山市)や近年調査された反町《そりまち》遺跡(同前)では数百軒を超える規模の住居跡が確認されており、畿内の布留《ふる》式土器をはじめとして東海東部・東海西部・畿内・北陸など各地域の搬入土器やそれらの模倣土器が数多く出土し活発な広域圏交流をものがたる。また、反町遺跡では玉作《たまつくり》に従事した工房が検出されており、各種手工業生産が地域社会のなかで複合的に行われていたらしい。

高坂古墳群出土の三角縁神獣鏡(東松山市教育委員会提供) 市指定

集水域が狭く比較的制御しやすい小河川、適度な面積の後背湿地と自然堤防、畑作に適したなだらかな台地、植物性食料や建造物・燃料として必要な木材などの森林資源の確保が容易な丘陵、首長の墓域を営む見晴らしの良い高台、そして信仰の対象となる高い峰、松山台地周辺ではそれらがすべてそろっており、古墳時代前期にはここに一つの小世界が形づくられていたのである。

古墳時代前期を四期に区分すると、松山台地の先端近くでは一期〜三期にかけて根岸稲荷《ねぎしいなり》神社古墳(東松山市)、下道添《しもみちぞえ》二号墳(同前)、柏崎天神山《かしわざきてんじんやま》古墳(同前)などの前方後方墳が造営された。一方、吉見丘陵の南東側に位置する自然堤防上では一期に位置づけられる三ノ耕地一号墳～三号墳（吉見町）、吉見丘陵南端には一期後半～二期の山の根古墳（同前）の計四基の前方後方墳が造営された。また、高坂《たかさか》台地では三期に諏訪山《すわやま》二十九号墳（東松山市）などの多数の前方後方墳が造営された。さらにこの台地には三角縁神獣鏡《さんかくぶちしんじゅうきょう》が出土した高坂古墳群（同前）も所在する。

　これらはいずれも墳丘長が三〇～五〇メートル規模の墳墓であり、一期から三期にかけて時間的に並列して、吉見丘陵、松山台地、高坂台地や台地近くの自然堤防上に継続的に造営されている。

　各地区の首長はそれぞれ眼下に広がる集落や耕地を掌握していたと考えられ、この地域では初期には複数の首長が分立する集団の複合体であったと思われる。

　三期後半に至って、初めて前方後円墳である墳丘長六一メートルの諏訪山古墳が高坂台地に出現し、続く四期になると、墳丘長一一五メートルの大型前方後円墳である野本将軍塚《のもとしょうぐんづか》古墳が造営された。野本将軍塚古墳の造営された四期には周辺には同古墳以外に大型の古墳が存在せず、また立地する場所は、都幾川左岸で松山台地の南斜面で、吉見丘陵から高坂台地にかけた地域の中心部に当たっている。野本将軍塚古墳の隔絶した規模や立地を考えると、この地域では古墳時代前期末に至って同古墳を盟主に地域社会が統合されたように映る。

　同様な状況は、児玉地域と東京低地北西部においても認められる。児玉地域も松山台地ときわめてよく似た景観であり、一期～三期に二五～五〇メートル級の前方後方墳を経て四期に大型前方後円墳である北堀前山《きたぼりまえやま》一号墳（七〇メートル超。本庄市）が出現した。東京低地北西部では前二者ほど明確ではないが前方後方墳を経て四期に前方後円墳である高稲荷《たかいなり》古墳(七五メートル。川口市)が出現している。埼玉県域では、境界性の明確な領域のなかで地域社会が成熟し、前期末に至って三つの地域に統合され、おのおの大型の前方後円墳が出現した過程が読み取れるのである。

密集する大古墳群――さきたま地域

古墳時代中期(五世紀頃)になると北武蔵《むさし》地域では前方後円墳は造営されず中小規模の円墳だけになってしまう。毛野《けぬ》や吉備《きび》などの特定の地方豪族と連合するヤマト王権の政策によって、この地域の前期末に成立した巨大首長墓を中心とした勢力はほどなく解体してしまったらしい。

しかし、中期末頃になり再びヤマト王権の国内政策の転換によって、県北の行田市一帯(さきたま地域)に突如として大古墳が出現する。埼玉稲荷山《さきたまいなりやま》古墳(一二〇メートル)は、埼玉古墳群で最初に築造された前方後円墳で、方形二重周堀をもち、五世紀末頃の日本列

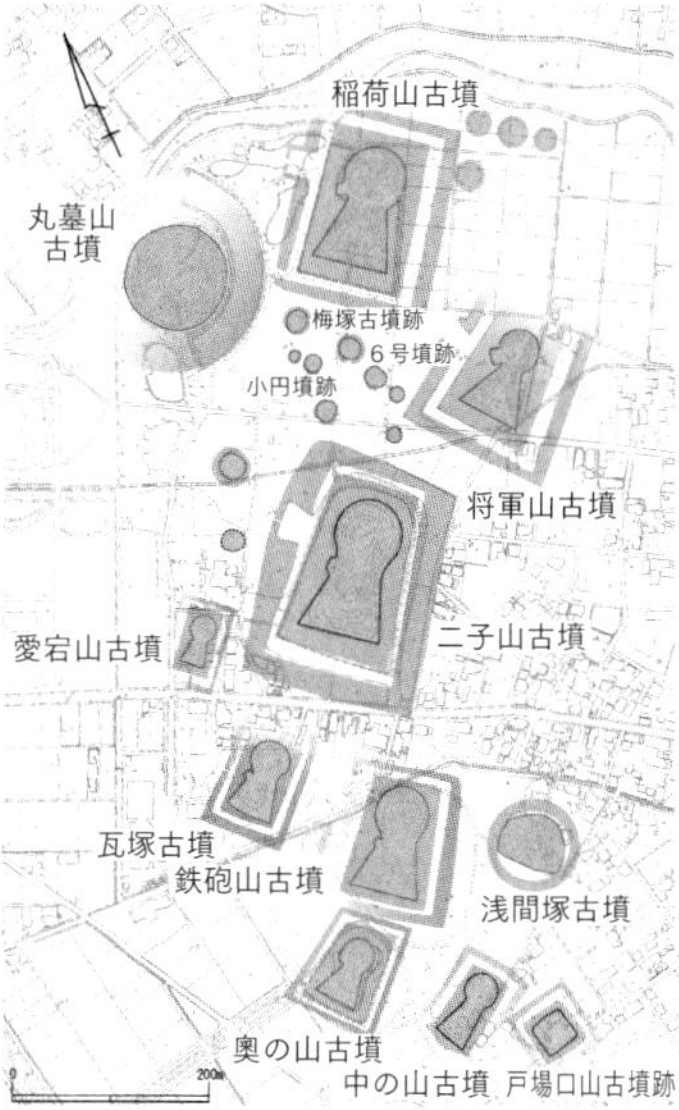

埼玉古墳群全図(『特別史跡埼玉古墳群ガイドブック』〈埼玉県立さきたま史跡の博物館、2021年〉掲載図より)

生出塚埴輪窯産で、酒巻14号噴出土の旗を立てた馬形埴輪(行田市郷土博物館提供) 重文

将軍山古墳出土の馬冑(埼玉県立さきたま史跡の博物館所蔵)

島でみると大王墓に次ぐ規模の古墳である。発掘調査の結果、後円部墳頂から発見された礫槨《れきかく》と呼ぶ未盗掘の埋葬施設から画文帯《がもんたい》神獣鏡や翡翠《ひすい》製勾玉《まがたま》、銀製耳環《じかん》、龍文透彫帯金具《りゅうもんすかしぼりおびかなぐ》などの装身具、剣・刀・鉾《ほこ》・鉄鏃《てつぞく》などの武器、武具・馬具といった豪華な副葬品が出土した。調査から一〇年ほど経過した一九七八年(昭和五十三)、保存処理の過程で一振の鉄剣から、切っ先より関《まち》まで両面にびっしりと刻まれた一一五文字に及ぶ金象嵌《きんぞうがん》の銘文が発見されたことは記憶に新しい。

　稲荷山古墳に続いて丸墓山《まるはかやま》古墳(径一〇五メートル)、二子山《ふたごやま》古墳(一三二メートル)が造営された。両古墳については、『日本書紀《にほんしょき》』安《あん》閑《かん》天皇元年(五三四)の条に記載された武蔵国造《くにのみやつこ》職をめぐる争乱の当事者である笠原直《かさはらのあたい》使主《おみ》を武蔵地域最大規模の古墳である二子山古墳に、敗れた小杵《おき》を日本列島最大規模の円墳である丸墓山古墳の被葬者に当てる意見がある。

　西側に突き出した台地上に最初に築かれた稲荷山古墳は、西側の低地から見上げるとよく見えるように台地の北端部に築かれ、次の二子山古墳は、その南側に十分な距離を保ち縦列に並んで造営されている。ところが、丸墓山古墳の造営された場所は、この規模の古墳を造営するには十分な空間がなく、そのため丸墓山古墳は台地の上に収まりきらず、墳丘の西半分が低地にはみ出している。埼玉古墳群の各古墳は西側の低地からの眺望を意識して造営されているが、丸墓山古墳は西に正面を向けた稲荷山古墳を覆い隠すように立地している。こうした丸墓山古墳の特異な立地からは、被葬者の生前の穏やかならぬ事情を反映している可能性が大きい。

埼玉将軍山古墳は、稲荷山古墳の東隣に位置し稲荷山古墳の築造からおよそ一世紀後の六世紀後半に造営された墳丘長九一メートルの前方後円墳である。明治年間に後円部から多くの遺物が出土した。副葬品は船載品が目立つが、とりわけ馬冑《ばちゅう》と蛇行状《だこうじょう》鉄器は注目される遺物である。馬冑は馬の頭に被せる冑《かぶと》で全国でも三例しか出土例がない希少な遺物であり、蛇行状鉄器はそれと組み合わさる鞍《くら》の後ろに取りつけた旗竿《はたざお》である。これを装着した馬形埴輪《はにわ》が近隣の酒巻《さかまき》十四号墳から出土していて、将軍山古墳の蛇行状鉄器を実際に見た埴輪工人が製作したことをうかがわせる。将軍山古墳から出土した船載の遺物群は、六世紀の東アジア情勢に東国の豪族層が少なからず関与したことを示すもので、朝鮮半島と倭《わ》国とを往来し東アジアを股にかけて活躍した人物像を彷彿とさせる。将軍山古墳のあとに鉄砲山古墳、そして西暦六〇〇年頃と推定される中《なか》の山《やま》古墳をもって埼玉古墳群における前方後円墳の造営は終了した。

なお、周辺には小見真観寺《おみしんかんじ》古墳(一一二メートル)や真名板高山《まないたたかやま》古墳(一二七メートル)など一〇〇メートル超の前方後円墳が造営されているように、古墳時代後期には北武蔵地域の大型古墳がさきたま地域周辺に集中して造営されている。この付近には東京湾に注ぐ旧利根川が流下していたと推測され、関東平野の南北を結ぶ河川交通の要衝に大きな政治勢力が結集していたことがうかがえる。

東国最大の埴輪窯跡群――生出塚遺跡

埼玉古墳群から南に九キロほど離れた大宮台地の北寄りで、東に流れる元荒川に向かって緩やかに傾斜する地点に生出塚《おいねづか》遺跡(鴻巣市)が所在する。一九七九年(昭和五十四)から断続的な調査によって、これまでに埴輪窯跡四〇基、工房跡二カ所、粘土採掘跡一カ所、住居跡一三軒が確認され、関東地方最大級の埴輪窯跡群であることが判明した。

埴輪窯は焚口《たきぐち》から煙道に向かって傾斜する登り窯となるため斜面地を利用して構築されることが多いが、生出塚遺跡一帯は台地上で緩斜面とはいえ傾斜地とはいえない。そこで、ここでは粘土採掘坑などの竪穴《たてあな》を利用して深く掘り下げ、そこから地上に向かって斜め上方に掘削して窯体を構築している。また、竪穴を有効活用するため一つの竪穴からヤツデ状にいくつもの窯を構築していることも大きな特徴である。

五世紀後半から操業を開始した生出塚窯は、埼玉古墳群の各古墳に継続的に供給している。埼玉稲荷山古墳では複数の埴輪窯から供給を受けているが、六世紀後半の将軍山古墳や鉄砲山古墳ではほぼ生出塚埴輪窯の製品で賄われており、生出塚埴輪窯の供給体制がしだいに整っていったことがうかがえる。

生出塚窯は生産体制を拡充していくとともに供給範囲を拡大していった。六世紀後半には、遠く離れた東京湾東岸の千葉県市原市の山倉一号墳、あるいは多摩川流域の神奈川県横浜市の北門《ぼっかど》古墳へも供給されていることが判明している。埴輪のような重量があり個数も多い物品の運搬には元荒川や旧

生出塚埴輪窯製品が供給された古墳(高田大輔『東日本最大級の埴輪工房・生出塚埴輪窯』〈シリーズ「遺跡を学ぶ」073、新泉社、2010年〉P71掲載図より)

生出塚埴輪窯の人物埴輪出土状態(15号窯跡。鴻巣市教育委員会提供)

入間川の舟運が大いに利用されたのであろう。

古墳時代終末と上円下方墳

六世紀末～七世紀初頭頃、前方後円墳はほぼ全国いっせいに造営を停止してしまう。北武蔵地域では後続する首長墓として若小玉八幡山《わかこだまはちまんやま》古墳(径八〇メートル)のような巨石を用いた大型円墳が造営されたが、次段階の七世紀中頃には北武蔵地域各地に上円下方墳もしくは方墳が造営されるようになる。

山王塚《さんのうづか》古墳(川越市)は、入間川南岸の武蔵野台地北辺に立地する下段が一辺七〇メートルの方形、上段が直径四七メートルの円形となる日本列島最大規模の上円下方墳である。築造に当たっては、いったん表土を取り除いて、改めて土を水平に少しずつ叩き締めながら盛る版築工法が採用されていた。これは寺院建築とともにわが国に持ち込まれた新しい工法である。主体部は、緑泥石片岩《りょくでいせきへんがん》の板石と角閃《かくせん》石安山岩《せきあんざんがん》の転石を加工して積み上げた横穴式石室で、壁に使用した角閃石安山岩は、楕円球状の河原石の上下を平滑に削り、さらに横に並べる際に触れ合う片方の面をえぐって積み上げている。こうした石材使用・構造の横穴式石室は埼玉県と群馬県の境を流れる利根川中流域で六世紀後半以降盛んに用いられた手法であり、県北部の石工集団がこの地に将来されて石室構築に従事したと推測される。

興味深いことに、山王塚古墳は隣接する山王塚西古墳の周堀を壊して造営されている。このような状況は、埼玉古墳群において六世紀末～七世紀初頭頃に造営された中の山古墳の周堀を壊して七世紀中頃と推定される方墳の戸場口山《とばぐちやま》古墳が造営されていたように他地域でも認められる。七世紀中頃に造営された方墳や上円下方墳は、それまでの系譜意識や築造規範を断ち切って造営された新たな意識にもとづく古墳なのである。

七世紀中頃は、国―評《ひょう》(郡)という新たな地方行政組織が編成され、それに併せて陸上交通網が整備された時期にあたる。評の設置は『日本書紀』によれば、「大化二年(六四六)正月甲子詔」とされるが、実際には六四九年(大化五)頃とされる。

日本列島最大規模の上円下方墳である山王塚古墳(川越市教育委員会提供)

七世紀第3四半期に整備された官道である東山道武蔵路は、武蔵国の評衙《ひょうが》を結ぶように整備されており、終末期の方墳や上円下方墳は、この武蔵路に沿って分布していることが指摘されている。実際に山王塚古墳のすぐ南側を東山道武蔵路が通っていたと想定され、また北側には入間郡衙《ぐんが》と推定されている霞《かすみ》が関《せき》遺跡が所在する。七世紀中頃には、河川交通の要衝であったさきたま地域に集中していた巨大な勢力が解体し、武蔵国内各地に分散していった様相が、方墳や上円下方墳の立地からもうかがえる。

終末期の方墳や上円下方墳は、律令制にもとづく新たな地方行政組織の整備と深く関わりのある豪族の墳墓なのであろう。

(関)

野《の》本《もと》将《しょう》軍《ぐん》塚《づか》古《こ》墳《ふん》

前期に比企地域の盟主となった大型前方後円墳

➡P178

現状は墳丘長一一五メートルの大型前方後円墳。前方部は後円部よりも低い。松山台地先端部の緩斜面に前方部を南側の低地に向けて築造されており、後円部の埋葬主体部は礫槨《れきかく》もしくは粘土槨と推測されている。

永らく時期が不明であったが近年の地中レーダー探査などにより古墳時代前期末頃の築造と推測された。三次元測量の成果によれば復元全長一二四・二メートル、後円部径七七・三メートル、前方部幅四一・四メートルとされる。前期における北武蔵《むさし》地域最大規模の前方後円墳である。

東松山市教育委員会提供

DATA
県指定　東松山市野本

稲《いな》荷《り》山《やま》古《こ》墳《ふん》

金錯銘鉄剣が出土した古墳

➡P177

埼玉古墳群で最初に築造された墳丘長一二〇メートル、後円部径六二・六メートル、前方部幅八二・四メートル。二段築成の前方後円墳。五世紀第4四半期頃の築造であり、同時期でみると大王墓に次ぐ規模の古墳である。前方部は土取りで削平されたが現在は復元されている。長方形の二重周堀で墳丘西側後円部に造り出しをもつ。葺石《ふきいし》は認められない。埋葬主体部は後円部に礫槨と粘土槨の二つが確認され、未盗掘の礫槨から金錯銘《きんさくめい》鉄剣をはじめとする装身具や、武器、武具・馬具といった豪華な副葬品が出土した。

埼玉県立さきたま史跡の博物館提供

DATA
特史　行田市埼玉

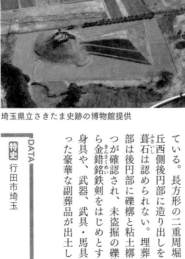

三角縁神獣鏡《さんかくぶちしんじゅうきょう》

高坂《たかさか》古墳群出土（発掘で出土したものではない）。面径二二・一センチの陳氏作で始まる銘文帯をもつ四神二獣鏡。同型鏡は確認されておらず、県内で発見された唯一の三角縁神獣鏡である。

DATA
市指定　東松山市高坂

馬冑《ばちゅう》

将軍山古墳から出土した馬の頭部を守る鉄製の冑《かぶと》。高句麗《こうくり》などで用いられた重装騎兵の装備の一つ。国内では、ほかに和歌山市大谷《おおたに》古墳と福岡県古賀市船原《ふなばる》古墳の二例が知られる。

DATA
行田市埼玉

埴輪馬《はにわうま》

国内唯一の旗指物《はたさしもの》を装着した馬形埴輪。酒巻古墳群中の第十四号墳出土。鴻巣市生出塚《おいねづか》窯産。鞍《くら》の後部に屈曲したパイプ状の旗竿《はたざお》を付け、連続山形状の旗指物を取り付けてある。

DATA
重文　行田市酒巻

宮塚古墳《みやづかこふん》

→P180

一七×二四メートルの方壇に直径一〇メートルほどの円丘がのる古墳時代最終末の上円下方墳。小さな上円部から主体部は火葬骨を収納した可能性もある。七世紀末頃の築造と推定される。

DATA
国史　熊谷市広瀬

山王塚古墳《さんのうづかこふん》

→P178

下段が一辺七〇メートルの日本列島最大規模の上円下方墳。主体部は、緑泥石《りょくでいせき》片岩《へんがん》の板石と角閃石安山岩《かくせんせきあんざんがん》の転石を加工して積み上げた横穴式石室で、七世紀中頃の造営と推定される。

DATA
川越市南大塚

小見真観寺古墳《おみしんかんじこふん》

→P177

真観寺境内に所在する墳丘長一一二メートルの前方後円墳。六世紀末〜七世紀初頭頃の築造と推定。埴輪はない。後円部に緑泥石片岩を用いた二つの埋葬施設をもつ。

DATA
国史　行田市小見

律令体制下に組み込まれた埼玉で何が起きていたのか

なぜ朝鮮半島由来の郡があったのか

平安時代中期に作られた辞書、『和名類聚抄《わみょうるいじゅうしょう》』には、武蔵《むさし》国には二一郡あり、そのうち埼玉県の範囲にあったのは一五郡、下総《しもうさ》国葛飾郡と合わせると、一六の郡があったことになる(12ページ参照)。律令国家は中国・唐の制度を手本とし、租《そ》・庸《よう》・調《ちょう》などの税制度を整え、国家や国・郡の財源とした。租は米、庸は労役、調は布などで納める決まりであったが、それらを集めるために各郡には郡家《ぐうけ》(郡役所)が設置された。

ところで、武蔵国のなかには「高麗《こま》郡」と「新羅《しらぎ》郡」(のちに新座《にいくら》郡)という朝鮮半島の国名に由来する郡が二つある。『続日本紀《しょくにほんぎ》』には「高麗郡」を七一六年(霊亀《れいき》二)に駿河《するが》・甲斐《かい》など七国の高麗人一七九九人を移住させてつくったと書かれている。高麗人とは高句麗《こうくり》からの渡来人のことで、高句麗は六六八年に唐・新羅連合軍によって滅ぼされ、日本に亡命した高麗人が多く存在した。さらに、約四〇年後の七五八年(天平宝字《てんぴょうほうじ》二)には渡来していた新羅僧・尼など七四人を移住させて新羅郡ができたという記事もある。

朝鮮半島にあったもう一つの国、百済《くだら》は六六三年に同じく唐・新羅連合軍によって滅ぼされたが、摂津《せっつ》国に百済郡がつくられている。

武蔵国に移り住んだ高句麗の王族

新しく郡をつくることは武蔵国の要請でできることではなく、律令国家の国策として実施された。未開墾地に渡来人を移住させたという単純なことではない。当時は五畿(近畿地方)が政治・経済の中心地で、その頂点には天皇がいた。律令国家に含まれていなかった東北地方は「蝦夷《えみし》」と呼ばれていた。関東地方は蝦夷の国に接する東の最果ての地であった。その関東地方に高麗郡・新羅郡を置いたことは特別な意味があった。

日本が朝鮮半島の今は無き百済・高句麗に加えて新羅の三国からの移住者を集住させて郡をつくれるほど天皇は力

を持っていること、唐に次ぐ東アジアのナンバー2は日本であるということを唐にアピールするためであったと考えられている(日本型の中華思想)。百済郡が五畿の一つ摂津国につくられた理由には、百済が日本の同盟国であったこと、滅亡後も難民として移住してきた百済人を保護していたことがあげられる。

ところで、高麗郡が武蔵国につくられた理由は何か。それを記録した史料は残っていないが、高句麗の王族であった高麗福徳《ふくとく》という人物が高句麗滅亡前に日本に亡命し、何らかの理由により武蔵国入間郡(当時は評《こおり》)に移り住んでいたことに注目したい。

その福徳の孫にあたる福信《ふくしん》が武蔵国の国《こく》司《し》であった時に、新羅郡もまた武蔵国につくられた。これはけっして偶然ではないと思われる。

(水口)

中宿(なかじゅく)遺跡(深谷市)から発掘された奈良〜平安時代の郡家の正倉(しょうそう)を復元したもの。正倉は税として徴収した米などを保管する倉庫のことで、県内で発掘調査によって明らかになった郡家は榛沢(はんざわ)郡家である中宿遺跡・熊野遺跡(深谷市)と幡羅(はら)郡家である幡羅官衙(かんが)遺跡群(深谷市・熊谷市)である。前者は中宿遺跡が1991年(平成3)に県指定史跡になった。後者は2018年(平成30)に国指定史跡となった

幡羅遺跡第19次調査で発見された郡家の行政実務を行った大型建物の跡(深谷市教育委員会提供)
国史

3章

武蔵武士の時代

埼玉県域における平安時代末期から南北朝時代の歴史を語る場合、けっして外すことのできないテーマが武蔵武士である。武蔵国各地に本拠を構え、鎌倉幕府の成立にも貢献した彼らの足跡は、多くの文化財として現代に受け継がれている。

武蔵武士と埼玉県域

武蔵《むさし》武士とは、平安時代末期から南北朝時代にかけて活躍した、武蔵国内に本貫地《ほんがんち》を持つ武士を指す。一口に武蔵武士といっても、そのなかには秩父平氏《ちちぶへいし》や武蔵七党《しちとう》など、多様な存在形態が含まれる。秩父平氏は、上総介《かずさのすけ》として坂東《ばんどう》に下向した平高望《たいらのたかもち》の子、良文《よしぶみ》の子孫で、桓武《かんむ》平氏の流れをくむ豪族的武士団である。畠山郷《はたけやまごう》(現深谷市)を本貫地とする畠山氏、河越荘《かわごえのしょう》(現川越市)を本貫地とする河越氏などに分かれ、国衙《こくが》にも影響力をもつ武蔵国の最有力氏族であった。畠山氏の館跡と伝わる場所は県内に複数あるが、深谷市の畠山館跡(県選定重要遺跡)周辺や、嵐山《らんざん》町の菅谷《すがや》館《やかた》跡(国指定史跡)はとくによく知られている。河越氏は、川越市の河越館跡(国指定史跡)を本拠とした。

武蔵七党とは、武蔵国を中心に存在した中小規模の同族的武士団の総称である。猪俣《いのまた》党・私市《きさい》党・

畠山重忠の居館跡と伝わる菅谷館跡（嵐山町菅谷。埼玉県立嵐山史跡の博物館提供）国史

児玉《こだま》党・丹《たん》党・野与《のよ》党・村山《むらやま》党・横山《よこやま》党などが挙げられ、かならずしも七つに限定されるわけではない。その多くは、京都から下向・定着した軍事貴族などの系譜を引くと考えられている。彼らの本拠となった館跡やその伝承地は、県内各地に分布している。

　中世の武士は、本貫地となる土地に本拠を構えて居住し、その地名を家号として名乗った。これが「名字《みょうじ》の地」であり、本領として代々重視された。本拠は交通・流通・開発の要所に構えられ、屋敷のほか阿弥陀堂《あみだどう》や観音堂《かんのんどう》・氏神といった寺社なども重要な構成要素であった。武蔵武士を含む東国武士一般がこうした名字の地を形成し、土地との結びつきを強めるのは、十二世紀以降のこととされる。

この際、一一〇八年(天仁元《てんにん》)の浅間山《あさまやま》大噴火による被災と、その後の再開発が重要な契機の一つになったと考えられている。

十二世紀半ば、武蔵国は、源 義朝《みなもとのよしとも》(頼朝《よりとも》の父)とその子義平《よしひら》の勢力、義朝の弟義賢《よしかた》(木曾義仲《きそよしなか》の父)の勢力がせめぎ合う状況となっていた。一方、秩父平氏内部でも秩父重隆《しげたか》と甥《おい》の畠山重能《しげよし》(重忠《しげただ》の父)が対立し、重隆が義賢と、重能が義平と結ぶ。一一五五年(久寿二《きゅうじゅ》)、義平の軍勢が大蔵館《おおくらやかた》(嵐山町)を攻め、義賢・重隆は討ち取られた。この大蔵合戦により、坂東における義朝らの勢力が伸張した。

翌一一五六年(保元元《ほうげん》)、京都で天皇家・摂関《せっかん》家それぞれの内部対立を主因とする保元の乱が起こり、義朝は平清盛《きよもり》とともに後白河《ごしらかわ》天皇・藤原忠通《ふじわらのただみち》方に属した。この際、義朝の軍勢には、武蔵武士など多くの東国武士が動員された。しかし、一一五九年(平治元《へいじ》)に起こった平治の乱で義朝は清盛に敗れて殺害され、子の頼朝は流罪となった。清盛によって樹立された平氏政権下で、武蔵国は平氏の知行国《ちぎょうこく》(知行国主にその国の収益や国司任命権を与える制度)となり、武蔵武士たちもその家人となっていった。

なお、近年、東国武士団の列島規模での活動が注目されている。彼らは京都の公家・寺社社会のなかでも活動し、官位や先進的な技術・文化、同僚となる武士同士の人脈形成などを享受した。鎌倉幕府が成立すると、鎌倉も重要な活動拠点となった。武士たちは、鎌倉・京都、そして本貫地や各地の所領を結ぶネットワークを維持しつつ、一族内で在鎌倉・在京・在国などの分業体制をとっていたと考えられている。

熊谷直実の姿を描いた一の谷合戦図屏風(右隻。埼玉県立歴史と民俗の博物館所蔵) 県指定

武蔵武士の活躍と悲劇

一一八〇年(治承《じしょう》四)、源頼朝は配流先であった伊豆《いず》で挙兵する。安房《あわ》国(現千葉県南部)へ渡海したのち武蔵国に入ると、当初平氏方であった多くの武蔵武士もこれに従った。鎌倉幕府の成立後、彼らは幕府に属する御家人《ごけにん》として活躍していく。

畠山重忠は、頼朝の鎌倉入りや、奥州《おうしゅう》藤原氏を滅ぼした一一八九年(文治《ぶんじ》五)の奥州合戦、一一九〇年(建久《けんきゅう》元)と一一九五年(同六)の頼朝上洛《じょうらく》に際しても先陣を任されるなど、有力御家人の一人であった。熊谷《くまがや》郷(現熊谷市)に拠《よ》った熊谷直実《くまがいなおざね》も、治承・寿永の乱(源平合戦)で多くの戦功をあげた。なかでも一《いち》の谷《たに》合戦での、平敦盛《あつもり》との一戦は著名である。ほかにも安保実光《あぼさねみつ》・猪俣範綱《のりつな》・岡《おか》部《べ》忠澄《ただずみ》・金子家忠《かねこいえただ》といった武蔵七党の武士たちが、獅子奮迅《ししふんじん》の活躍をみせた。

一一九九年(正治《しょうじ》元)に鎌倉殿《かまくらどの》の頼朝が死去すると、幕府は有力御家人による「十三人の合議制」を敷いたとされる。この「十三人」のうち、武蔵国に本拠地を持つ武蔵武士は、足立遠元《あだちとおもと》と比企《ひき》能員《よしかず》である。

足立遠元は、かつて義朝の家人であり、武蔵武士としてはもっとも早く頼朝に合流した。本領である足立郡(現北足立郡・東京都足立区)を安堵《あんど》されたのち、一一八四年(元暦《げんりゃく》元)には頼朝が設置した公《く》文所《もんじょ》の寄人《よりうど》となった。比企氏は、比企郡を本拠地とする豪族的武士で、能員は養母比企尼《ひきのあま》が頼朝の乳母《めのと》、妻は二代目鎌倉殿頼家《よりいえ》の乳母であったうえ、娘の若狭局《わかさのつぼね》が頼家の嫡子一幡《いちまん》を産むなど、幕府内での立場を強めていた。

華々しい活躍をみせる武蔵武士たちであったが、しだいに悲劇にも巻き込まれていく。まず一二〇三年(建仁《けんにん》三)には、比企氏一族が北条時政《ときまさ》との政争に敗れ、滅ぼされる。そして一二〇五年(元久《げんきゅう》二)、畠山重忠が謀反の疑いをかけられ、北条時政・義時《よしとき》父子らに討たれた。一二一三年(建保《けんぽう》元)には、有力御家人の和田義盛《わだよしもり》が義時に対して挙兵し、横山党の横山氏一族らもこれに加わるが、敗北した。こうして、幕府内部における北条氏の権勢が確立されていく。

一二二一年(承久《じょうきゅう》三)、京都の後鳥羽《ごとば》上皇は在京御家人や院御所を警固する西面《さいめん》の武士、畿内・近国の武士を集めて挙兵し、北条義時追討の院宣《いんぜん》・官宣旨《かんせんじ》を発した。この承久の乱に勝利した結果、幕府は畿内・西国にも多くの所領を獲得し、御家人たちに給与していった。熊谷氏は、この戦いで直国《なおくに》が戦死し、その恩賞として安芸《あき》国三入《みいり》荘(現広島市安佐北区)地頭職《じとうしき》を獲得する。横山党に出自を持つ中《ちゅう》条家長《じょういえなが》は、三河《みかわ》国高橋《たかはし》荘(現愛知県豊田市)地頭職や尾張《おわり》国(現愛知県西部)守護職《しゅごしき》に任じられた。一二二五年(嘉禄《かろく》元)には評定衆《ひょうじょうしゅう》の一員に選ばれ、幕府の基本法典である御成敗式目《ごせいばいしきもく》の制定にも関与している。

その後も、一二四七年(宝治《ほうじ》元)に有力御家人の三浦《みうら》氏が北条時頼《ときより》らによって滅ぼされた宝治合戦の結果、児玉党の小代重俊《しょうだいしげとし》が肥後《ひご》国野原《のばら》荘(現熊本県荒尾市)地頭職を与えられるなど、武蔵武士の所領獲得は続いた。

武蔵武士にとって、鎌倉時代はまさに激動の時代であった。

鎌倉幕府と埼玉県域

鎌倉時代、武蔵国は幕府将軍家の知行国、いわゆる関東御分国《かんとうごぶんこく》の一つであった。十二世紀末、武蔵武士たちは、鎌倉殿かつ武蔵国の知行国主である頼朝の直属軍として活躍した。

武蔵国の国司(武蔵守《むさしのかみ》)は、北条泰時《やすとき》(義時の子)が一二一九年(承久元)に就任した後、北条氏の有力者により独占された。国務《こくむ》も、北条氏の家督である得宗《とくそう》に掌握されていく。これにともない、武蔵武士には得宗の被官となる者も多かったと考えられている。

鎌倉幕府は、武蔵国内の寺社も篤《あつ》く崇敬した。なかでも慈光寺《じこうじ》(ときがわ町)は、頼朝が深く帰依したことで知られる。頼朝は一一七九年(治承三)に署名入りの梵鐘《ぼんしょう》を寄進したほか、一一八九年(文治五)には持仏の愛染明王《あいぜんみょうおう》像を送り奥州合戦の戦勝祈願を行っている。また、一一九二年(建久三)の鎌倉勝長寿院《しょうちょうじゅいん》における後白河法皇四十九日の仏事には、多くの慈光寺僧が参加した。

埼玉県域には、鎌倉時代の源氏とのゆかりを伝える文化財も多い。北本市の東光寺《とうこうじ》に所在する石戸《いしと》

国の天然記念物に指定されている石戸蒲ザクラ(北本市。東光寺境内。北本市教育委員会提供) 国天

蒲《かば》ザクラは、頼朝に追われた異母弟の範頼《のりより》が逃れてこの地に至り、その杖が根付いて成長したとの伝説をもつ。範頼は武蔵武士吉見《よしみ》氏の祖とされ、吉見町の息障院《そくしょういん》には伝範頼館跡(県指定旧跡)が所在する。東松山市の比丘尼山《びくにやま》(市指定史跡)は、比企尼が草庵を営み、源頼家が一二〇四年(元久元)に暗殺された後、若狭局が寺院を建立した場所とされる。川島町の広徳寺大御堂《こうとくじおおみどう》(重要文化財)は、頼朝の妻北条政子《まさこ》と、三尾谷郷《みおのや》(現川島町)を本拠とした児玉党三尾谷氏の交流を伝える。

幕府の中心地である鎌倉と各地を結ぶ道は、「鎌倉街道」と総称される。とくに重要な三つの幹線道路は上道《かみつみち》・中道《なかつみち》・下道《しもつみち》と呼ばれ、このうち上道・中道が県域を通っていた。上道の本道は、現在の所沢市域から神川町域まで延びて群馬・長野県方面へ向かい、奥大道《おくだいどう》とも呼ばれる中道の本道は、川口市域から久喜市域に至り、東北地方へと続いた。こうした道路の整備や治安維持は、主として沿道に所領を持つ御家人たちの役割であった。

武蔵武士のゆくえ

東国武士のなかには、鎌倉時代、恩賞として遠隔地の所領を獲得するものも多かった。当初は代官や一族を派遣して経営に当たるのが一般的であったが、しだいに嫡流家を含む一族が現地に移住していく場合があった。西方への移住は「西遷《せいせん》」、北方・東方への移住は「北遷《ほくせん》(東遷《とうせん》)」と呼ばれている。

承久の乱で戦死した熊谷直国の子孫は、その後も熊谷郷を本拠としたが、一三三三年(元弘《げんこう》三)の元弘の乱に際し、後醍醐《ごだいご》天皇から西国への出陣命令を受けたことを直接的契機として、安芸国三入荘へ西遷したと考えられている。熊谷氏の嫡流家は、十三世紀後半にはすでに近江《おうみ》国塩津《しおつ》荘(現滋賀県長浜市)へ移住していた。また、陸奥《むつ》国本吉《もとよし》荘(現宮城県気仙沼市)へ北遷した一族もあった。

蒙古《もうこ》襲来への緊迫度が増していた一二七一年(文永《ぶんえい》八)、鎌倉幕府は異国への防御と領内悪党の鎮圧のため、九州に所領を持つ御家人に現地への下向を命じた。小代重俊の子息らは、この命令を受けて肥後国野原荘へ移住していく。重俊は本貫地の小代郷(現東松山市)で死去し、一二八一年(弘安《こうあん》四)には供養塔である板碑《いたび》(同市 青蓮寺《しょうれんじ》所在「弘安四年銘板石塔婆《いたいしとうば》」。県指定文化財)が造立されたが、これには一族の結合を再度強化する目的もあったと考えられている。

一三三三年、足利尊氏《あしかがたかうじ》(高氏)が京都の六波羅探題《ろくはらたんだい》を、新田義貞《にったよしさだ》が鎌倉を落とし、鎌倉幕府は滅亡した。後醍醐天皇を中心とする建武《けんむ》政権が成立したものの、尊氏らは一三三五年(建武二)に起こった中《なか》先代《せんだい》の乱を機に政権から離反し、翌年光明《こうみょう》天皇を擁立した。その後、約六〇年にわたる動乱の時代と

小代重俊の供養塔として建立された弘安四年銘板石塔婆（東松山市。青蓮寺境内。東松山市教育委員会提供） 県指定

なり、武蔵武士たちも南北両朝に属して戦いを繰り広げることとなる。

室町幕府は、東国統治機関として鎌倉府を設置した。一三四九年(貞和《じょうわ》五・正平《しょうへい》四)、足利尊氏の子基《もと》氏《うじ》が京都から下り、鎌倉府の首長である鎌倉公方《くぼう》となる。以後、基氏の子孫が公方を継ぎ、上杉氏をはじめとする関東執事(のちに関東管領《かんれい》)がこれを補佐した。また、この時代の武士たちは、「一揆《いっき》」と呼ばれる地縁的な連合体をつくるようになっていた。東国におけるその代表例の一つが、河越氏・高坂《たかさか》氏ら秩父平氏を中心とする平一揆《へいいっき》である。しかし、鎌倉府内部の勢力争いにより、一三六八年(応安《おうあん》元・正平二十三)、平一揆は反乱を起こして鎮圧され、秩父平氏もこの地域の歴史から姿を消していく。

武蔵武士のなかには、数々の戦乱などを経て滅亡する者、西遷・北遷する者も多かったが、本貫地周辺で存続していく者もあった。その子孫たちは、室町・戦国時代を生き抜き、江戸時代には村や町の住人となり、あるいは幕臣・藩士などとして江戸や各地に移住していった。

成田郷《なりたごう》(現熊谷市)を本貫地とする成田氏は、戦国時代には忍城《おしじょう》(行田市)主となっていた。一五九〇年(天正《てんしょう》十八)の豊臣秀吉による小田原攻めにともなう忍城退出後、当主氏長《うじなが》は下野国《しもつけのくに》烏山《からすやま》(現栃木県那須烏山市)藩主に任じられる。この成田家は一六二三年(元和《げんな》九)に改易《かいえき》となるが、その後、子孫は江戸に出て幕臣となった可能性が高い。大政奉還後は、徳川《とくがわ》氏に従い静岡藩へと移住した。一八九二年(明治二十五)頃には、その末裔《まつえい》を本貫地の成田村へ還住させようとする地元住民らの運動が行われている。

武蔵武士の血筋・由緒や関連文化財は、脈々と受け継がれている。だが現代に至るその過程は単純でなく、豊かな歴史を内包しているのである。

(根ヶ山)

河《かわ》越《ごえ》館《やかた》跡《あと》

平安末〜南北朝期の名族・河越氏の居館跡

↓P178

一二世紀後半に築かれた河越氏の居館跡。鎌倉街道上道の枝道などの陸上交通と、入間川《いるまがわ》の水上交通との結節点に位置した。館の中心は、東に隣接する上戸小学校校庭付近と推定されている。一三〜一四世紀には、通路を挟んで連続する複数の区画で構成された。

平一揆《へいいっき》の乱により館は鎌倉府に没収され、河越氏はこの地を去った。その後、河越氏の持仏堂から発展したと伝わる常楽寺《じょうらくじ》などの寺院や、山内上杉《やまのうちうえすぎ》氏・古《こ》河《が》公方《くぼう》足利《あしかが》氏の陣所、小田原北条氏の重臣大道寺《だいどうじ》氏の砦《とりで》などとなっていく。現在は河越館跡史跡公園として整備されている。

（川越市教育委員会提供）

DATA

国史 川越市上戸

鎌《かま》倉《くら》街《かい》道《どう》上《かみつ》道《みち》

中世の幹線道路と関連遺跡を一体的に保存

↓P179

毛呂山《もろやま》町域に所在する鎌倉街道上道関係の遺跡群。掘割《ほりわり》状の道路遺構をともなう交通遺跡、苦林宿《にがばやしじゅく》の集落跡と推定される堂山下《どうやました》遺跡、寺院・中世墓の崇徳寺《すうとくじ》跡、街道沿いの塚である川角《かわかど》古墳群などで構成される。堂山下遺跡は越辺川《おっぺがわ》右岸の渡河点付近に位置しており、本遺跡群は、中世の道と渡河点における歴史的景観を一体的に復元できる貴重な事例と目されている。現地周辺では、掘割遺構のほか、崇徳寺跡から一九六二年(昭和三十七)に移設された延慶《えんぎょう》三年(一三一〇)銘の板碑《いたび》(県指定有形文化財)などを見ることができる。

（毛呂山町歴史民俗資料館提供）

DATA

国史 毛呂山町市場・川角・大類ほか

安保《あぼ》氏《し》館《やかた》跡《あと》

↓P181

安保郷を本貫地とした丹《たん》党安保氏の館跡と伝わり、一八四八年（嘉永《かえい》元）の石碑が立つ。周辺の発掘調査では、鎌倉時代のかわらけや中国産陶磁器などが出土している。

DATA 町指定 神川町元阿保

岡《おか》部《べ》六《ろく》弥《や》太《た》忠《ただ》澄《ずみ》墓《はか》

↓P180

猪俣《いのまた》党の岡部忠澄および一族の墓とされる凝灰岩製の大型五輪塔群。発掘調査では蔵骨器が複数出土している。隣接する普済《ふさい》寺《じ》は岡部氏菩提《ぼだい》寺《じ》、周辺は岡部氏館跡と伝わる。

DATA 県指定 深谷市普済寺

宗《そう》悟《ご》寺《じ》

↓P178

旗本森川氏が建立した曹洞宗寺院。比《ひ》企《き》能員《よしかず》の娘若狭局《わかさのつぼね》が西方の比丘尼《びくに》山《やま》に建てた寿昌寺《じゅしょうじ》を、移転・再興したものとされる。周辺には比企氏関係の伝承が多く遺る。

DATA 東松山市大谷

広《こう》徳《とく》寺《じ》大《おお》御《み》堂《どう》

↓P178

室町時代後期に建てられた方三間・禅宗様の阿弥陀《あみだ》堂《どう》。広徳寺は児玉党三尾谷《みおのや》氏の菩提寺とされ、大御堂は北条政子が三尾谷広徳《ひろのり》の菩提を弔うため建立した仏堂を、のちに再建したものと伝わる。

DATA 重文 川島町表

板《いた》碑《び》（元弘三年銘）

元弘三年（一三三三）銘の胎蔵界大日三《たいぞうかいだいにちさん》尊種子《ぞんしゅじ》板碑。鎌倉幕府方として新田義貞《にったよしさだ》と戦った道峯禅門《どうほうぜんもん》（加治家貞《かじいえさだ》）の名を刻み、偈《げ》には禅僧無学祖元《むがくそげん》の「臨剣頌《りんけんしょう》」を引用する。原資料は通常非公開。

DATA 重文 入間市野田（円照《えんしょう》寺《じ》内）
※複製は埼玉県立歴史と民俗の博物館等で展示。

龍《りゅう》淵《えん》寺《じ》

↓P180

一四一一年（応永《おうえい》十八）に成田家時《なりたいえとき》が建立、のちに顕泰《あきやす》が再興し、成田氏菩提寺となった曹洞宗寺院。境内には成田氏の墓、南方には成田氏館跡（ともに市指定史跡）などが所在する。

DATA 熊谷市上之

コラム

もっと知りたい！ 深掘り埼玉県史 ③

国宝太刀・短刀は語る

銘文と刀身彫刻が示す作刀の由来

埼玉県立歴史と民俗の博物館に所蔵されている二件の国宝、太刀《たち》（銘　景光《かげみつ》・景政《かげまさ》）と短刀（銘　景光）は、「兄弟刀」とも呼ばれる御物《ぎょぶつ》（皇室の所蔵品）の太刀（銘　景光・景政）とともに、武蔵《むさし》武士の西国への移住や、その後の本貫地との関わりを示す貴重な文化財である。

国宝・御物太刀に切られた長文の銘文からは、これらの刀剣類が、武蔵武士の大河原《おおかわら》氏（蔵蓮《ぞうれん》・時基《ときもと》）を願主とし、備《び》前《ぜん》国長船《おさふね》の刀工景光らによって、鎌倉時代末期に播磨《はりま》国三《み》方西《かたのさい》（現兵庫県宍粟《しそう》市）において作刀されたものであることがわかる。国宝短刀と御物太刀の刀身には「秩父大（太）菩薩」の文字が彫られており、大河原氏によって秩父《ちちぶ》神社（秩父市）に奉納されたものと考えられる。国宝太刀は、銘文に「廣峯山御剣」とあり、廣峯《ひろみね》神社（兵庫県姫路市）に奉納されたことが明らかである。

作刀を依頼した大河原氏は、武蔵七党の一つである丹《たん》党の武士団、中村氏の一族と考えられている。丹党は、丹治《たんじ》姓を共通とし、秩父・児玉《こだま》・入間《いるま》郡周辺に広がった同族的武士団である。中村氏の本貫地は大宮郷《おおみやごう》中村（現秩父市）、大河原氏の本貫地は大河原郷（現東秩父村）とされる。

短刀（銘　景光）
国宝

丹党中村氏・大河原氏の西遷

中村氏は元来、秩父神社の祝《ほうり》（神官）や宮本《みやもと》地頭《じとう》（社領の惣《そう》地頭）も務める有力な一族であった。しかし鎌倉時代、丹党中村氏の嫡流家は、右の刀剣類が作られた地である三方西に所領を得て西遷していったと考えられている。本貫地では庶家が引き続き宮本地頭などを務め、鎌倉時代末期には、

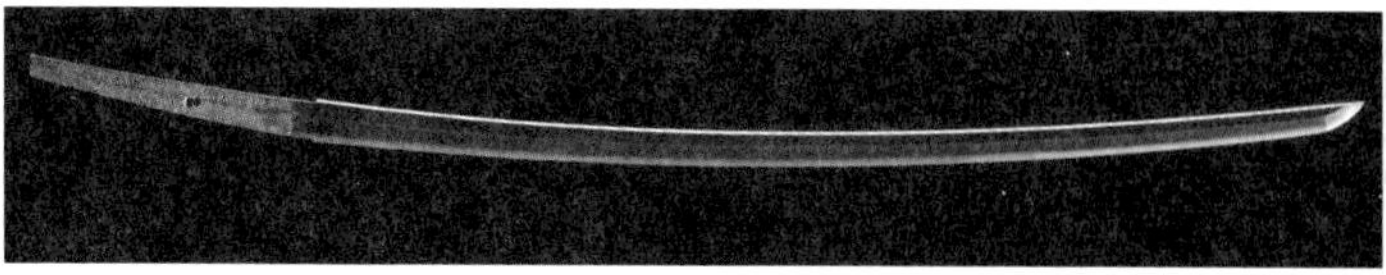

太刀(銘 景光・景政) 国宝

西遷した嫡流家の指示を受けつつ秩父神社の修造事業を執り行っている。

大河原氏は、この中村氏嫡流家に従って西遷したと考えられている。三方西周辺は、後世「宍粟鉄」「千草《ちぐさ》(種)鉄」などと呼ばれる豊富な鉄資源の産出地であった。

この地において、国宝短刀は一三二三年(元亨《げんこう》三)、御物太刀は一三二五年(正中《しょうちゅう》二)、国宝太刀は一三二九年(嘉暦《かりゃく》四)に鍛造された。秩父神社の修造事業が同時期に行われているため、国宝短刀および御物太刀は、それと関わって奉納されたものとも推測されている。この時、大河原氏はすでに三方西へ移住していた可能性が高いが、銘文には自らの肩書きとして「武蔵国秩父郡」の住人と刻ませている。東国武士の本貫地に寄せる強い思いを感じ取れるようである。

西遷後の大河原氏は、南北朝時代以降、赤松《あかまつ》氏・尼子《あまご》氏らの被官として播磨・備前・美作《みまさか》方面で活動していき、本貫地との関わりは確認できなくなる。兵庫県宍粟市の波賀《はが》八幡神社には、大河原氏が一五四〇年(天文《てんぶん》九)に奉納した太刀(市指定有形文化財)が伝来する。これは、備前長船の刀工勝光《かつみつ》が作刀したもので、銘文には大河原之清が末代のためにこれを籠《こ》め奉《たてまつ》ると刻まれている。鎌倉時代の先祖の事業をなぞったかのようだが、すでに「武蔵国秩父郡」の文字が見られない点は象徴的といえよう。

一方の中村氏も、赤松氏らの被官として、大河原氏同様に播磨・備前・美作方面で活躍し、江戸時代には宍粟郡有《あり》賀《が》村(現宍粟市)に帰農した。この地を領した山崎《やまさき》藩池田家のもとで郷士《ごうし》となったという。

歴史を語るのは古文書だけではない。銘文はもちろん、時に刀身彫刻ですら、雄弁にそれを語るのである。(根ヶ山)

＊画像はともに、要史康氏撮影。埼玉県立歴史と民俗の博物館所蔵

4章

関東大乱と埼玉

近年では、「戦国時代は関東から始まった」ともいわれるが、その始点である享徳の乱から豊臣秀吉による小田原攻めにいたるまで、武蔵国はつねに戦乱の中心にあった。古河(鎌倉)公方、山内・扇谷両上杉氏、小田原北条氏、上杉謙信らが、武蔵を割拠したその足跡をたどる。

享徳の乱〜長享の乱による両上杉氏の衰退

一四五四年(享徳《きょうとく》三)十二月二十七日、五代鎌倉公方《かまくらくぼう》の足利成氏《あしかがしげうじ》が関東管領上杉憲忠《かんとうかんれいうえすぎのりただ》を謀殺した。この事件を契機として、室町幕府・足利将軍家と結んだ山内《やまのうち》・扇谷《おうぎがやつ》の両上杉家とその後鎌倉から古河《こが》(茨城県古河市)に出奔した成氏との争いは、関東一円に拡大した。いわゆる関東戦国時代の到来を告げる「享徳の乱」の始まりである。

両勢力は、ほぼ利根川を挟んで、西側を上杉氏、東側を足利成氏が勢力として位置した。成氏は、古河城を拠点として、周囲の関宿《せきやど》城(千葉県野田市)に簗田《やなだ》氏、栗橋《くりはし》城(茨城県五霞《ごか》町)に野田氏、幸手《さって》城(幸手市)に一色《いっしき》氏をそれぞれ配して、上杉勢の侵攻に備えた。

これに対し、上杉勢は公方勢力に対抗するため、上杉方の拠点となる岩付《いわつき》城・江戸城・河越《かわごえ》城が扇谷上杉氏の家臣太田道真《おおたどうしん》・道灌《どうかん》父子、扇谷上杉持朝《もちとも》によって取り立てられた（『鎌倉大草紙』）ほか、両上杉家の主力は北武蔵《むさし》の五十子《いかっこ》（本庄市）に陣を敷いて対峙《たいじ》した。

なお、成氏は一四五六年（同五）二月十日に鷲宮《わしのみや》神社（久喜市）に戦勝祈願の願文を出している。享徳年号は四年で改元され「康正《こうしょう》」となるが成氏はその後も享徳年号を使いつづけた。

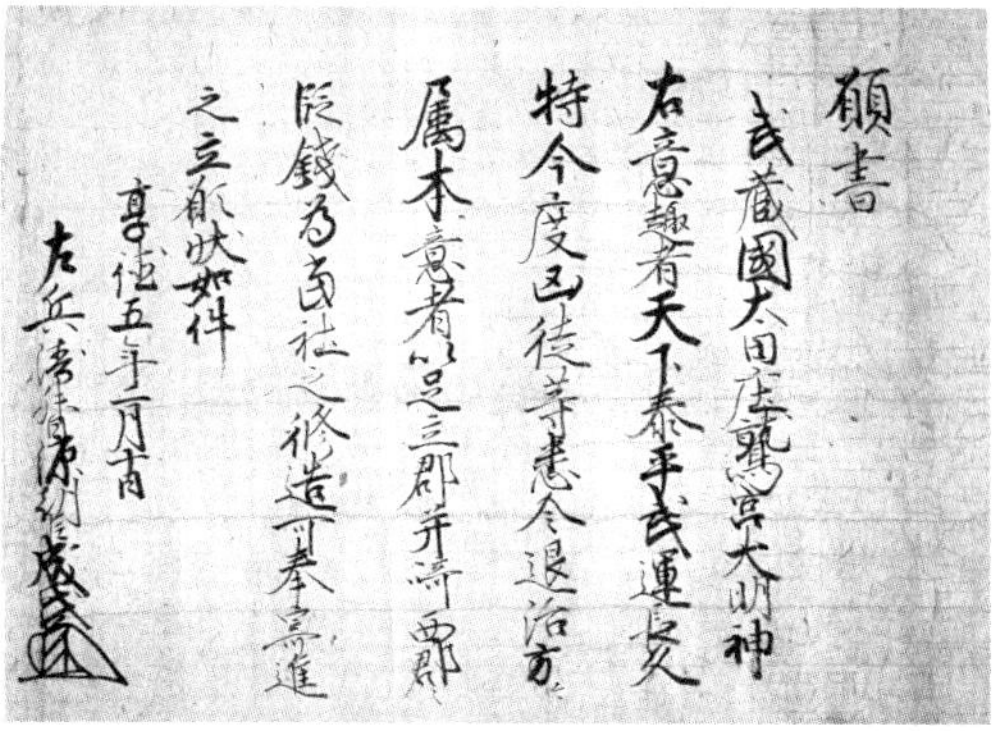
願書
武蔵國太田庄鷲宮大明神
右意趣者天下泰平武運長久
特今度凶徒等悉令退治者
属本意者以足立郡井崎郷
段錢為当社之修造可奉寄進
之立願状如件
享徳五年二月十日
左兵衛督源朝臣成氏

足利成氏による戦勝祈願の願文（享徳５年〈1456〉２月10日。鷲宮神社所蔵。久喜市立郷土資料館提供）県指定

一四七三年（文明《ぶんめい》五）、五十子陣で山内家家宰《かさい》の長尾景信《ながおかげのぶ》（白井《しろい》長尾家）が死去した。長尾家の家督は子の景春《かげはる》が継いだが、関東管領を補佐する家宰職については、関東管領山内上杉顕定《あきさだ》が、景春の叔父長尾忠景《ただかげ》に与えたことから、この人事を不服とした景春が一四七六年（同八）六月、武蔵鉢《はち》形《がた》城（寄居町）に拠《よ》って反旗を翻した（長尾景春の乱）。この乱によって上杉方から離反する武将が続出し、関東全体に再び戦乱が広がった。この反乱を鎮圧したのが太田道灌である。道灌は各地の反対勢力を撃破するとともに景春を秩父方面へ追い詰め、最終的には敗走させている。この乱を契機として、公方と管領の歩み寄りが上杉顕定を中心に行われ、一四八二年（同十四）十一月二十七日、両者の和睦《わぼく》が

古河公方と両上杉氏の勢力図(長禄年間頃。『新編埼玉県史図録』〈埼玉県、1993年〉P82掲載図を元に作成)

成立した。ここに二七年間に及んだ享徳の乱の終結をみた。

ところが、その四年後の一四八六年(同十八)七月二十六日、相模《さがみ》国糟《かす》谷館《やのたて》(現神奈川県伊勢原市)にいた上杉定正《さだまさ》の元に出仕していた道灌が定正によって誅殺《ちゅうさつ》される事件が起こった。その子、太田資康《すけやす》は江戸城に戻り家督を継承したが、定正は間もなく江戸城を占領して資康を放逐した。扇谷上杉家の要として内外の武将から信望が高かった道灌の主君による誅殺は、扇谷上杉家中に大きな動揺をもたらした。

一四八八年（長享《ちょうきょう》二）に入ると、山内上杉顕定は実父の越後《えちご》守護上杉房定《ふささだ》の支援を受けて、二月に太田資康らとともに武蔵国鉢形城を出陣し、一気に定正の本拠地糟谷館に向けて出撃した。ところが、定正は河越城にいたことから顕定軍を追い、糟谷館郊外の実蒔原《さねまきはら》（神奈川県伊勢原市）で両軍が激突した。この時は、定正軍の勝利に終わり、顕定軍は敗走している。

顕定は六月に再び河越城を攻撃する。これに対し、逃亡していた長尾景春が公方足利政氏《まさうじ》の援軍を引き連れて定正軍に加勢し、須賀谷原《すがやはら》（嵐山町《らんざん》）で合戦に及ぶが敗北した。この時に、整備されたのが、国指定史跡の「菅谷館跡《すがややかた》」「杉山城《すぎやま》」「小倉城《おぐら》」と考えられている。この間八月には、太田資康の本陣がある平沢寺《へいたくじ》（嵐山町）を亡き父道灌の朋友である連歌師《れんが》万里集九《ばんりしゅうく》が訪れている。その時の戦場の様子が集九の著作『梅花無尽蔵《ばいかむじんぞう》』に記されており、かなりの激戦であったことが知られる。十一月になると今度は定正軍が鉢形城に攻め寄せたため、顕定軍は高見原《たかみはら》（小川町）で迎え撃つが敗北した。

小田原北条氏の登場

一方、享徳の乱のさなか、足利成氏に代わる鎌倉公方として上杉氏が京都より招聘《しょうへい》した足利政知《まさとも》は、伊豆《いず》国に留まって堀越《ほりごえ》公方と名乗った。一四九一年（延徳《えんとく》三）、政知が病死すると堀越公方内部に内紛が生じ、その間隙を縫って駿河今川《するがいまがわ》氏の客将で興国寺《こうこくじ》城主の伊勢宗瑞《いせそうずい》（俗名盛時《もりとき》・北条早雲《ほうじょうそううん》）が、一四九三年（明応《めいおう》二）に京都の将軍足利義澄《よしずみ》の命を奉じて伊豆に侵攻、政知の子茶々丸《ちゃちゃまる》を襲撃して、伊豆を

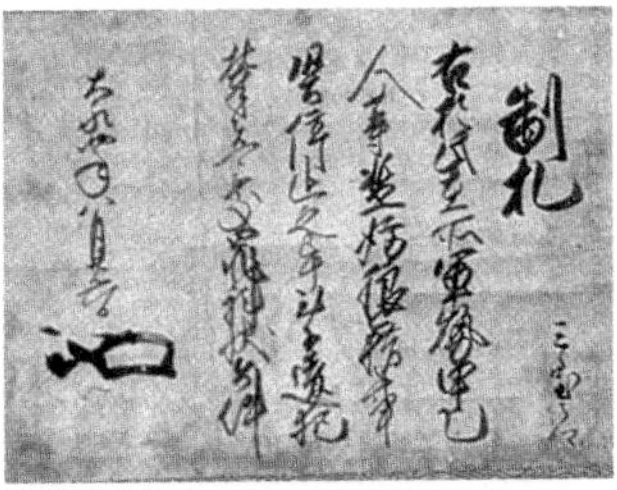

北条氏綱制札（大永４年〈1524〉８月６日。氷川女體神社所蔵。さいたま市教育委員会提供） 市指定

奪取した。その後、永正《えいしょう》年間（一五〇四〜二一年）になると、山内上杉顕定が上杉定実《さだざね》・長尾為景《ためかげ》軍との合戦で戦死したことから、扇谷上杉朝良《ともよし》が山内上杉家と古河公方家の内紛解決に奔走するが、この間に宗瑞が三浦《みうら》氏を滅ぼして相模一国を手中に収めた。

宗瑞の家督を継いだ氏綱《うじつな》は北条に改姓し、一五二四年（大永《だいえい》四）正月、武蔵に攻め込み扇谷上杉氏の家臣太田資高《すけたか》を取り込んで江戸城を攻略した。ついで二月には太田資頼《すけより》を調略して、岩付城を攻撃してこれを落城させた。また、毛呂《もろ》城（毛呂山町）城主の毛呂顕繁《あきしげ》が北条方に属したため、毛呂—石戸（北本市）間を手中に収め、扇谷上杉氏の松山城—河越城間の交通遮断に成功する。なお、氏綱はこの頃に足立《あだち》郡内まで進出しており、氷《ひ》川女體《かわにょたい》神社（さいたま市緑区）に制札を出している。

翌一五二五年（同五）二月に氏綱は扇谷上杉氏との和睦を破って岩付城を奪還するが、上杉朝興《ともおき》は山内上杉憲房《のりふさ》・憲寛《のりひろ》父子との連携のもとで逆襲し、翌年にかけて武蔵の諸城を北条氏から奪い返し、さらに相模国玉縄《たまなわ》城（神奈川県鎌倉市）にまで迫った。朝興は関東管領山内上杉家、古河公方足利政氏、甲《か》斐《い》の武田信虎《たけだのぶとら》のみならず、宗瑞時代には北条氏と友好関係にあった上総《かずさ》国の真里谷《まりやつ》武田氏や小弓《おゆみ》公方足利義明《よしあき》、安房《あわ》国の里見義堯《さとみよしたか》とも手を結んで北条包囲網を形成し、氏綱は窮地に陥った。

その後、氏綱は、古河公方政氏と高基《たかもと》、関東管領上杉顕実《あきざね》と憲房による内紛（永正の乱）の最中に江戸城、次いで一五三七年(天文《てんぶん》六)に扇谷上杉氏の居城河越城を奪取した。翌年には、下総国府台《しもうさこうのだい》合戦で里見氏に勝利し、小弓公方足利義明を滅ぼした。

武州河越合戦

一五四五年(天文十四)九月二十六日、関東管領山内上杉憲政《のりまさ》、扇谷上杉朝定《ともさだ》、古河公方足利晴氏《はるうじ》は、関東諸将の連合軍と合わせて約八万の大軍をもって北条氏の河越城を包囲した。山内憲政は城の南に陣を張り、扇谷朝定は城の北など三方を包囲した。河越城は北条綱成《つなしげ》が約三〇〇〇の兵力で守備していたが、駿河今川氏との戦いを収めた北条氏綱の後継である氏康《うじやす》が小田原から約八〇〇〇の兵を率いて救援に向かっていた。またこの間、扇谷上杉氏側の岩付城主太田全鑑《ぜんかん》の調略が上原氏を通じて成功したことから、氏康軍の河越城へのルートが確保された。

翌年四月二十日に行われた合戦により、氏康は山内・扇谷の両上杉勢の陣へ突入、扇谷上杉軍では当主の上杉朝定、重臣の難波田憲重《なんばだのりしげ》が討死、山内上杉方では当主上杉憲政が上州平井《ひらい》に敗走した。のちに憲政は居城の平井城(群馬県藤岡市)を追われて長尾景虎《かげとら》(のちの上杉謙信)を頼り越後へ落ち延びることになる。同じく敗走した古河公方足利晴氏も降伏、隠居した。その際、重臣簗田氏の血を引く藤氏《ふじうじ》では

「川越夜戦跡」の碑(東明寺境内。川越市)

なく、北条氏出身の母(芳春院《ほうしゅんいん》)の血を引く義氏《よしうじ》に家督を譲らざるをえなくなり、自身も秦野《はだの》(神奈川県秦野市)に幽閉された。この合戦の勝利により北条氏は、関東における戦国大名としての地位を固めることになる。

上杉謙信の関東来襲

一五六〇年(永禄《えいろく》三)五月、越後の長尾景虎は北条氏康を討つため越後国から関東へ向けて出陣、三国《みくに》峠を越える。上野《こうずけ》国に入った景虎は、長野業正《ながのなりまさ》らの支援を受けながら厩橋《うまやばし》城(群馬県前橋市)など北条方の諸城を攻略。厩橋城を関東における拠点とし、この城で越年した。この間、関東諸将に対して北条攻めの号令を下して参陣を求めた。北条氏の隷属下にあった関東の諸将は、景虎の下へ結集し、兵の数は増大した。翌年三月、景虎は関東管領上杉憲政を擁して、太田資正《すけまさ》、成田長泰《なりたながやす》ら旧上杉家家臣団を中心とする十万余の軍で、小田原城をはじめとする諸城を包囲、攻撃を開始した。

ところが、小田原城は一カ月にも及ぶ攻囲でも落ちなかった。景虎は鎌倉に兵を引き、上杉憲政の要請もあって鶴岡《つるがおか》八幡宮において閏《うるう》三月十六日、山内上杉家の家督と関東管領職を相続し、名を上杉政虎《まさとら》と改めた。この後、政虎は越後へ帰還途上の四月、松山城を攻

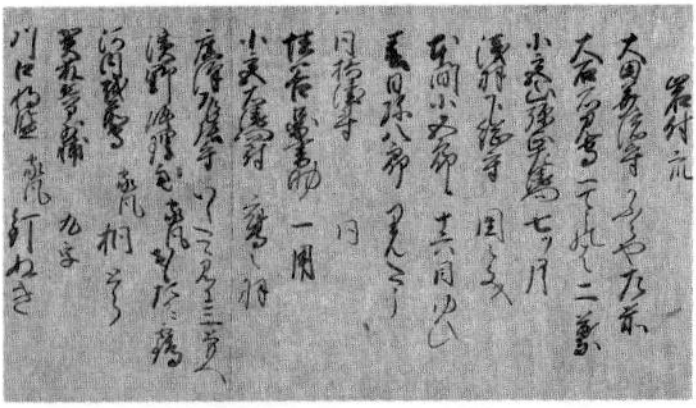

「関東幕注文」(岩付衆部分)。長尾景虎(上杉謙信)が関東へ進出した際、幕下に参じた諸将の名前を列記したもの(上杉家文書。米沢市上杉博物館所蔵)

撃し、城将として上杉憲勝を残し帰国する。この年、政虎は将軍義輝《よしてる》の一字を拝領し輝虎《てるとら》と改名した。

一五六二年(永禄五)十一月、帰国中の輝虎は岩付城主太田資正より、武蔵国における上杉方の拠点・松山城が再度、北条方の攻撃を受けているとの連絡を受けた。五万を超える北条・武田連合軍に対し、松山城を守るのは少数であった。すでに上越国境の三国峠は雪に閉ざされていたが、輝虎は松山城救援のため峠越えを強行、十二月には上野国沼田《ぬまた》城に入った。しかし翌年二月、輝虎の救援間に合わず松山城は落城した。輝虎は反撃に出て小田朝興《おだともおき》の守る騎西《きさい》城(加須市)を攻め落とし、朝興の兄で武蔵忍《おし》城主の成田長泰を降伏させた。

北条領国の拡大と支城領支配

一五六八年(永禄十一)十二月、武田信玄が甲相駿《こうそうすん》三国同盟を破って駿河国へ侵攻、さらに今川氏真《うじざね》を破り駿府《すんぷ》城(静岡市葵区)を攻略した。これにより勢力の均衡が崩れて北条氏康の居城・小田原城に危機が迫ったため、氏康はそれまで盟友であった信玄と激しく敵対する。氏康は東に里見氏、北に上杉氏、西に武田氏と、周囲を敵に囲まれる厳しい情勢となったことから、これを機に長年敵対してきた上杉輝虎との和睦を探る。

翌年正月、氏康は輝虎に講和を持ちかけ、これに対し輝虎は当初、この和睦に積極的でなかったが、度重なる関東出兵で国内における不満の高まりと、下総国関宿《せきやど》城が北条氏照《うじてる》の攻撃にさらされていたことから(第二次関宿合戦)、和議に応じ、同年三月宿敵ともいえる氏康と同盟を締結する(越相《えっそう》同盟)。

騎西城跡障子堀の空撮(加須市教育委員会提供)

なお、同盟の条件のなかには松山城と、長子氏資《うじすけ》により一五六四年(同七)に岩付城を放逐され、常陸《ひたち》佐竹《さたけ》氏の客将となっていた太田資正への岩付城返還が入っていた。

越相同盟により上杉方の関東諸将は輝虎に対して不信感を抱く結果となった。長年にわたり北条氏と敵対してきた里見義弘《よしひろ》は輝虎との同盟を破棄し、信玄と同盟を結ぶなどあくまで北条氏と敵対する姿勢を崩さなかった。同年十一月には北条氏政《うじまさ》から支援要請があったため謙信は関東へ出兵、かつての盟友佐竹義重《よししげ》が信玄に通じて小田氏治《うじはる》を攻めたため、上野総社《そうじゃ》城(群馬県前橋市)に出陣して氏治を援助した。

一五七一年(元亀《げんき》二)十月、北条氏康が世を去ると翌年正月、氏康の跡を継いだ氏政は越相同盟を破棄し、岳父である信玄と再び和睦したことから、謙信は再び北条氏と敵対する。一五七四年(天正《てんしょう》二)四月、八〇〇〇の兵を率いて関東に出陣した謙信は、武蔵における上杉方最後の拠点である羽《は》生《にゅう》城(羽生市)を救援するため、氏政と再び利根川を挟んで対陣する。しかし、増水していた利根川を渡河できず、五月に越後国へ帰国した。また、北条氏政が関宿城の簗田持助《もちすけ》を攻撃するや、謙信は十月に関東へ出陣、騎西城、忍城、鉢形城、菖蒲《しょうぶ》城など北条方の領内に火を放ち北条軍を牽制《けんせい》する。ところが、佐竹・宇都宮《うつのみや》など関東諸将が援軍を出さなかったため、簗田氏の拠る関宿城は落城した（第三次関宿合戦）。同年閏十一月に謙信は北条方の古河公方・足利義氏を古河城に攻めているが、すでに関東では謙信に味方する勢力が大きく低下しており、謙信は最後の砦《とりで》であった羽生城を閏十一月に自落させた。ここに、謙信による関東越山は終わりを告げ、北条氏の武蔵平定が完了する。

小田原北条氏の勢力拡大図（『新編埼玉県史図録』〈埼玉県、1993年〉P87掲載図を元に作成）

謙信との関東における戦いに勝利した北条氏は、北関東までその勢力を拡大した。それぞれの拠点となる支城には一族を入部させ、各支城ごとに支配領域を「領」として定め、小田原本城との連携を保持しながら独自の支配体制を確立させていった。

岩付城には太田氏資の後継として氏政の二男を太田源五郎《げんごろう》として入れるが早世、のちに弟の氏房《うじふさ》を入れ「岩付領」を支配させた。また、鉢形城には、藤田《ふじた》氏の養子に乙千代《おとちよ》を入れ、のちに北条氏《うじ》邦《くに》として「鉢形領」を支配させている。さらに北条氏照を滝山城《たきやま》(東京都八王子市)に入れ、高麗《こま》郡・入間郡の一部を含む「滝山領」を支配させた。また氏照は、栗橋城の城代として、県内では加須市域を含む栗橋領を支配している。一族以外では、北条氏と従属関係にあった成田氏が忍城を中心に「忍領」を、深谷(庁鼻和《こばなわ》)上杉氏が、深谷城を中心とする「深谷領」をそれぞれ支配した。

秀吉の北条攻めと関東における戦国時代の終焉

一五八六年(天正十四)十二月、豊臣秀吉は、私戦の停止を命じた「惣無事令《そうぶじれい》」を、徳川家康を通じて関東の諸大名に対しても発し、秀吉に服従すべき旨を勧告した。当初この命令に北条氏政・氏直《うじなお》父子は応じなかったが、一五八八年(同十六)八月になって名代として北条氏規《うじのり》を上洛させた。翌一五八九年(同十七)二月には、上野国沼田領をめぐる真田《さなだ》氏と北条氏の領土問題を秀吉が裁定し、三分の二を北条領、三分の一を真田領とする裁定が下された。ところが同年十一月、真田領内にある名胡桃《なぐるみ》城を北条氏邦の家臣猪俣邦憲《いのまたくにのり》が奪取する事件が起こった。真田氏からの報告を受けた秀吉は激怒し、「惣無事令」違反として北条攻めを決定する。

一五九〇年(同十八)三月、秀吉は三万二千余の大軍をもって京都を出陣し、東海道を進み山中城《やまなか》(静岡県三島市)を攻略したのち、小田原城を攻囲した。一方の北条氏は、氏政・氏直父子が氏照や氏房《うじふさ》、成田氏長《うじなが》らと小田原に籠城し、態勢を整えた。なお、五月になると北陸方面からは前田利家《まえだとしいえ》・上杉景《かげ》勝《かつ》連合軍が上野から武蔵に入り、深谷・松山・河越の各城を次々と攻略した。こうして五月半ばまで

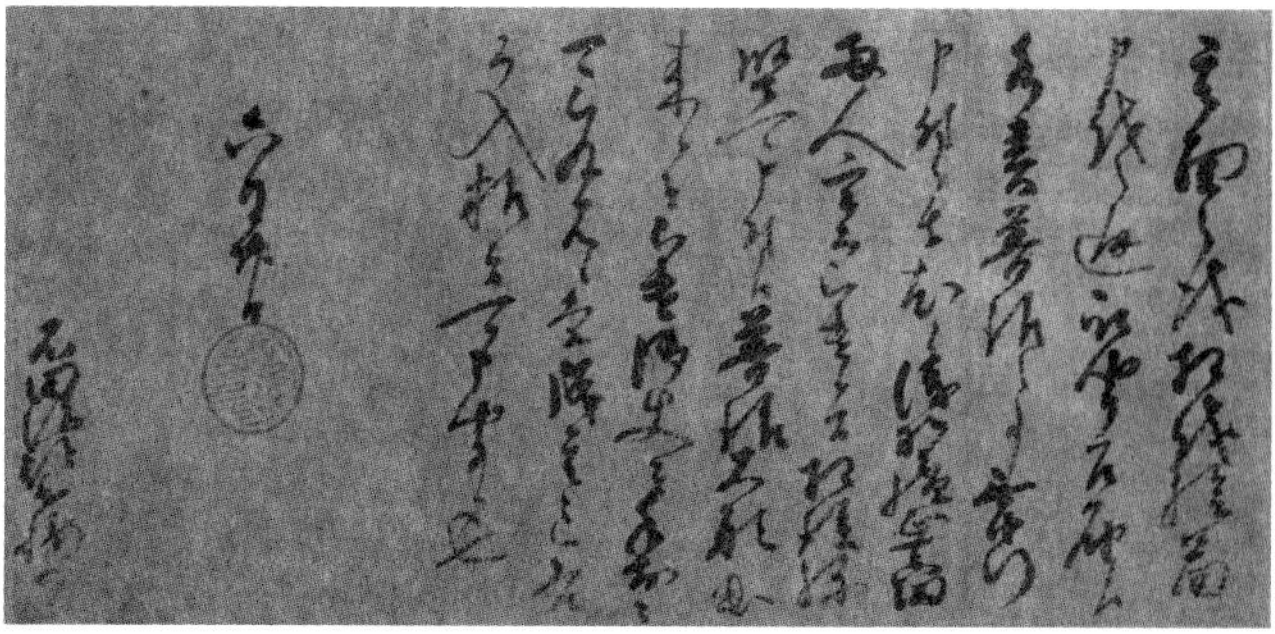

豊臣秀吉が石田三成に水攻めを命じた朱印状（天正18年〈1590〉6月20日。埼玉県立歴史と民俗の博物館所蔵）

大構跡に建つ愛宕神社（さいたま市岩槻区。筆者提供）

に北条方の城は陥落し、残るは小田原本城と韮山《にらやま》・津久井《つくい》・八王子・岩付・鉢形・忍の各城になっていた。このうち、岩付城は、小田原城と同様に城下を堅固な土塁「大構《おおがまえ》」で囲む城塞都市であったが、五月二十二日に浅野長吉《あさのながよし》ら二万の軍勢による総攻撃を受け落城した。また、北条氏邦が自ら陣頭指揮を執って奮闘した鉢形城も最後は開城した。ところが石田三成《いしだみつなり》が総指揮を執り、秀吉が水攻めにこだわっていた忍城は抵抗を続け、小田原本城が開城した七月五日の翌六日、ようやく開城している。

　こうして、関東における戦国時代は秀吉の天下統一の下、幕を閉じたのである。

（新井）

川《かわ》越《ごえ》城《じょう》（河越城）跡《あと》

➡P179

太田道真・道灌父子が築城した扇谷上杉氏の拠点城郭

長禄《ちょうろく》年間（一四五七～六〇年）に、古河公方《こがくぼう》に対抗するため太田道真《おおたどうしん》・道灌《どうかん》父子によって築かれた扇谷上杉《おうぎがやつうえすぎ》氏の拠点城郭。現状では、ほとんど中世城郭としての遺構は残されていないが、本丸御殿（県指定文化財）に隣接する、童謡「通りゃんせ」の発祥地である三芳野《みよしの》神社境内に土塁の一部を確認することができる。

なお、本丸御殿は川越藩当時の現存する御殿建築（一八四八年〈嘉永《かえい》元〉に建造）として全国的にも貴重であるとともに、明治初期には入間県庁舎として二次利用されており、歴史的建造物としての価値も高い。

川越城本丸御殿

DATA
県指定　川越市郭町

岩《いわ》槻《つき》城《じょう》跡《あと》

➡P176

小田原城と同じ城下を惣構で囲む北条氏が誇る要塞都市

長禄年間に、河越城と同様に扇谷上杉氏の拠点城郭として構築され、その後小田原北条《ほうじょう》氏の支配下になると大規模な普請がたびたび行われた。天正《てんしょう》末年になると北条氏は豊臣秀吉との合戦を想定し、「大構《おおがまえ》」と呼ばれる惣構を完成させ、土塁で城下を囲む要塞都市へと生まれ変わる。一五九〇年（天正十八）、秀吉から「よき城」と評された岩槻（岩付）城は大軍の前に落城を余儀なくされた。現在、城跡の大部分は失われているが、新曲輪《しんぐるわ》部分が城址公園として整備され、土塁と空堀が確認できるほか、駅付近にある愛宕《あたご》神社に大構の一部が現存している。

岩槻城跡の堀

DATA
県指定　さいたま市岩槻区太田

松《まつ》山《やま》城《じょう》跡《あと》

↓P178

上杉・北条・武田による攻防戦が繰り広げられた歴戦の城。市野川を背後に丘陵頂部に広い郭《くるわ》と周辺に多数の小郭を配する。一部が武蔵丘短大の敷地となっているが保存状態は良好である。

DATA
国史（比企城館跡群）　吉見町北吉見

菅《すが》谷《や》館《やかた》跡《あと》

↓P179

本郭の北側を囲むように二の郭、三の郭が巡る。畠山重忠《はたけやましげただ》館跡と伝えるが、同時代の遺構は確認されていない。付近は長享《ちょうきょう》の乱の激戦地で、同時代の遺物が出土している。

DATA
国史（比企城館跡群）　嵐山町菅谷

小《お》倉《ぐら》城《じょう》跡《あと》

↓P179

攻守一体でさまざまな工夫が凝らされた削平地を連ねた戦国時代の山城《やまじろ》で、通称城山と呼ばれる山の山頂から中腹にかけて所在する。緑泥石片岩《りょくでいせきへんがん》による石積遺構が残る。

DATA
国史（比企城館跡群）　ときがわ町田黒

杉《すぎ》山《やま》城《じょう》跡《あと》

↓P179

小田原北条氏による十六世紀以降の築城と考えられてきたが、それ以前の遺物が出土していることから、上杉氏による築城の可能性が指摘されている。技巧的な縄張りが特徴。

DATA
国史（比企城館跡群）　嵐山町杉山

石《いし》田《だ》堤《づつみ》

↓P177

石田三成《いしだみつなり》が忍《おし》城水攻めのために築いた堤跡。現在は行田市堤根地区から鴻巣市袋地区にかけて、約二五〇メートルが残存。旧吹上町により「石田堤史跡公園」として整備されている。

DATA
県指定　行田市堤根

滝《たき》の城《じょう》跡《あと》

↓P178

北条氏照《うじてる》抱えの県西部における代表的な城郭。柳瀬川《やなせがわ》北岸に位置し、豊かな緑に覆われた断崖の上に曲輪や空堀《からぼり》跡などが残る。本丸跡に「城山神社」が祀られ、その南側を中心に滝の城址公園がある。

DATA
県指定　所沢市城

ついに発見！板碑の一大生産地

全国一位の二万七〇〇〇基

板状の石で造られた卒塔婆《そとうば》、「板碑《いたび》」は日本の中世に特有な石造物である。その形や石材は地域によってさまざまであるが、埼玉県を含む武蔵《むさし》国で造立《ぞうりゅう》された板碑は「武蔵型板碑」と呼ばれている。緑泥石片岩《りょくでいせきへんがん》を使用し、板状に剥がれる性質と青い色が特徴である。また、形は長方形で頭部は三角形になっており、その下に二条の線を彫る。体部は枠線で囲んだなかに仏を表す梵字《ぼんじ》（種子《しゅじ》）、造立年月日、造立者名、供養者名、真言（教えや功徳のある仏の言葉）などが彫られている。板碑は宗教遺物であるとともに、文献史料を補完する地域に残された貴重な歴史資料でもある。

割谷前採掘遺跡出土板碑未成品。刃幅1センチの平ノミを使って表面を平らにする「押し削り」調整がよく残る（小川町教育委員会提供）

埼玉県でこれまで確認された板碑は二万七〇〇〇基を超え、全国一位である。にもかかわらず、その石材採掘地や加工の工程は不明な点が多かった。緑泥石片岩の産出地は武蔵国では秩父郡長瀞《ながとろ》町野上下郷《のがみしもごう》と比企《ひき》郡小川町下里《しもざと》の二カ所あり、前者は「板石塔婆石材採掘遺跡」という名称で埼玉県指定旧跡となっているが、中世に遡る確証を得られない状況であった。

次々に発見される採掘地跡

そのようななか、二〇〇七年（平成十九）に下里の割谷《わりや》地区で採集された板碑未成品や加工石材についての論考が発表された。これを契機に小川町教育委員会によって割谷地区を遺跡として登録し、分布・測量調査や試掘調査が開始された。その結果、隣接する青山地区でも採掘遺跡が発見され、一九地点で加工石材が採集された。そして二〇一四年、そのうちの三地区が「下里・青山板碑製作遺跡」として国史跡に指定された。

板碑の製作工程は①採掘→②石材分割→③板碑形へ成形→④表面・側面の調整→⑤彫刻→⑥装飾に分かれているが、この調査によって①から④までの工程が採掘地で行われていたことがわかった。また、出土した未成品の大きさや加工技術の検討から、ここでの採掘の最盛期は関東でもっとも多く板碑が造られたとされる一四世紀中頃〜一五世紀後半であることもわかった。ここは武蔵型板碑最盛期の中心的な生産地であり、また、板碑製作工程の前半部分を解明した遺跡として重要である。（水口）

坂戸市塚の越遺跡第18号井戸出土板碑と板碑の部位名称（埼玉県教育委員会所蔵）

割谷地区全景。板碑形へ成形する過程で出たズリ（石屑）が一面に累積している（小川町教育委員会提供） 国史

5章 江戸を守る

天下統一を果たした豊臣秀吉は、徳川家康へ関東に所領を与えた。家康は、旧領三河を離れ、江戸を本拠として、新たな領国支配を目指した。近世の幕開けである。埼玉県域は、城を拠点とした大名配置、街道や宿場の整備など、江戸北方の守りを安定し、幕藩体制維持のための重要な地域であった。

老中の城

一五九〇年（天正《てんしょう》十八）八月一日、徳川家康は江戸に入った。関東入国、いわゆる「江戸打入《うちいり》」である。家康の関東移封は、秀吉と家康の間で、小田原城攻略の最中五月下旬頃から相談され、政治拠点を江戸とすることが決められ、小田原落城後の七月十三日に公表された。家康の家臣団は、すでに六月頃から江戸周辺調査を行って、七月には江戸の治水・利水事業に着手している。これは家康が、江戸を本拠とすることが定まっていたことを示している。

江戸城を本拠にするにあたり、秀吉の命に家康が従ったというのが通説である。当時の江戸城は破壊されたため防備は不十分であり、江戸地域も葦《あし》や茅《かや》の原野で寂れていたとされるが、実際には小田原北条《ほうじょう》氏の支城として地域の拠点であり、江戸湾を控えて経済的に繁栄していたと、考古学上の成果

忍城本丸跡に再建された御三階櫓。江戸の守りとして親藩・譜代大名が配置された(行田市。行田おもてなし観光局提供)

からも検証されている。

ちなみに江戸を本拠とするにあたり、浦和が候補地にされたという興味深い史料がある(『朝野旧聞裒藁《ちょうやきゅうぶんほうこう》』東照宮事蹟第二六七所収「弘識録」)。この史料には、浦和宿新義真言宗国(玉カ)蔵院の申し伝えとして、家康が関東入国にあたって浦和の地を在城とするため、家康自ら当地を見分し要害の地として十分だが、物資輸送のため水運の便が良い江戸湾に面した江戸に決定したという。

こうして家康は、江戸を本拠として関東支配に乗り出すわけだが、その中心となったのが地方巧者《じかたこうしゃ》である代官頭《だいかんがしら》伊奈忠次《いなただつぐ》らである。忠次らにより、関東入国直後から家康家臣団の知行割り、検地、河川改修などがすみやかに行われたのである。忠次は、伊奈町小室に陣屋を置いて家康領国の地方支配を行う代官頭であり、陣屋跡は現在「伊奈氏屋敷跡」として埼玉県指定史跡となっている。

それでは、埼玉県域の状況をみていこう。県域は、江戸後背地として北の守りを担う重要な地域であった。北関東から東北・越後《えちご》方面には、佐竹《さたけ》・上杉《うえすぎ》・伊達《だて》・最上《もがみ》などの有力戦国大名が割拠し、しかも広大な関東平野が占めており、穀倉地帯として徳川家、そして江戸を支える経済的な基盤地域でもある。そのため江戸周辺には、三河《みかわ》以来の家臣たちを配置した。入国当初は、大小家臣たちを各地に配したが、一六〇〇年(慶長《けいちょう》五)に関ヶ原《せきがはら》合戦で徳川家康率いる東軍が勝利し、一六〇三年(同八)に征夷大将軍《せいいたいしょうぐん》となって江戸幕府を開く前後に、関東の支配体制も整備していった。

とくに幕藩体制が確立され、その姿が武蔵《むさし》国内で顕著、かつ幕府と将軍との関係がもっとも深かったのが、三代将軍家光《いえみつ》の時代である。家光は、江戸の周囲、すなわち武蔵国では川越城・忍《おし》城・岩槻《いわつき》城、下総《しもうさ》国佐倉《さくら》城、相模《さがみ》国小田原城に側近の譜代《ふだい》大名を配置したのである。これらの城を与えられた大名は、老中《ろうじゅう》に任じられる大名であったため、この五城は「老中の城」とも呼ばれた。

武蔵国の川越城には、酒井忠勝《さかいただかつ》・堀田正盛《ほったまさもり》・松平信綱《まつだいらのぶつな》、忍城に松平信綱・阿部忠秋《あべただあき》、岩槻城には阿部正次《まさつぐ》・重次《しげつぐ》と、幕府要職を占めた家光側近が封じられた。これらの城は、江戸城外郭を守る幕府の藩屏《はんぺい》といえる存在であった。

家光は、父秀忠《ひでただ》の死後、松平信綱・阿部忠秋・堀田正盛・阿部重次らを「六人衆」(のちの若年寄《わかどしより》)に任じ、その後老中へと登用するなど、幕政の掌握を図っていった。彼らもまた家光の期待に応え、幕府の機構整備など幕藩体制確立に果たした役割は大きい。

とくに〝知恵伊豆《ちえいず》〟の異名で知られる松平信綱は、代官頭伊奈忠次配下の代官・大河内久綱《おおこうちひさつな》を父として生まれたが、久綱弟の正綱《まさつな》は長沢《ながさわ》松平家を嗣《つ》いで家康に仕えており、幼少の信綱の才を見込んで六歳の時養子とした。九歳で家光に仕え、三一歳の時、一万石の所領を得て大名に列し、のち忍城、その後川越城に六万石(のち七万五〇〇〇石)で封じられる。三七歳で阿部忠秋・堀田正盛・阿部重次らとともに、のちの若年寄となる六人衆となった。さらに老中まで出世し、老中制度を確立した。また、大火で荒廃した川越城と城下、それに新河岸川《しんがしがわ》舟運の整備、さらに野火止《のびとめ》用水の開削と野火止新田の開発など、藩政にも尽くした。

大名と藩

老中の城と呼ばれた三城の城主、つまり藩主と藩についてみていこう。

川越藩は、八家二一代の藩主がいた。初め川越城には酒井重忠《しげただ》(雅楽頭《うたのかみ》)が一万石で封じられ、次いで雅楽頭分家の酒井忠利《ただとし》が二万石で二代忠勝の時一〇万石。堀田正盛が三万五〇〇〇石。忍から松平(大河内)信綱が六万石で入り三代続いて七万五〇〇〇石、柳沢吉保《やなぎさわよしやす》は七万二〇〇〇石から一一万二〇〇〇石。秋元喬知《あきもとたかとも》が五万石から加増により六万石で四代。親藩《しんぱん》(徳川家一門)松平(越前《えちぜん》)朝矩《とものり》が一五万石で入り七代一七万石に加増。最後は譜代に戻り松平(松井《まつい》)康英《やすひで》が八万四〇〇〇石で二代である。

忍藩は、五家一七代。初め忍城には家康の四男忠吉《ただよし》が入り一〇万石が与えられたが、松平(深溝《ふこうづ》)家《いえ》忠《ただ》が一万石で入っている。これは忠吉が幼少のため、一時預かったともいわれる。その後番城《ばんじょう》(城主不在)の時期を経て、松平(大河内)信綱三万石、阿部忠秋が五万石、九代続いて加増により一〇万石。次いで松平(奥平《おくだいら》)忠堯《ただたか》から四代一〇万石続いた。

岩槻藩は、九家二五代。初め岩槻城には高力清長《こうりききよなが》が、二万石で封じられ三代続いた。その後青山忠《あおやまただ》俊《とし》が五万五〇〇〇石。阿部正次が入り五代で、加増減封を経て九万九〇〇〇石。板倉重種《いたくらしげたね》が六万石、戸田忠昌《とだただまさ》が五万一〇〇〇石。松平(藤井《ふじい》)忠周《ただちか》が四万八〇〇〇石。小笠原長重《おがさわらながしげ》が五万石で二代。永井直《ながいなお》敬《ひろ》が三万三〇〇〇石で三代。最後が大岡忠光《おおおかただみつ》の二万石で、のち二万三〇〇〇石で八代続き幕末を迎えた。

三藩に遅れて岡部《おかべ》藩が、一六四九年(慶安《けいあん》二)安部信盛《あんべのぶもり》が一万九二五〇石で取り立てられ陣屋を置き、途中二万二二五〇石に加増され、一三代続いた。一八六八年(慶応《けいおう》四)四月に陣屋を所領のあった三河国半原《はんばら》(愛知県新城市)に移し半原藩となった。また、久喜《くき》藩は一六八四年(貞享《じょうきょう》元)、米津政武《よねきつまさたけ》が一万二〇〇〇石で立藩。一七九八年(寛政《かんせい》十)に出羽《でわ》国長瀞《ながとろ》(山形県東根市)に転封となるまで五代存続した。

鷹場と鷹狩り

江戸後背地として特筆される事象に、鷹場《たかば》の設定があげられる。鷹場は、鷹で野鳥などの狩りをする場所である。「鷹匠《たかじょう》」の埴輪《はにわ》の出土などから鷹狩りは古代から行われ、武士の嗜《たしな》みの一つとして家康はとくに好んだという。家康は、心身の鍛練による養生、さらに武芸、ひいては軍事訓練の一環として考えていた。また主従関係の結びつきを確認するものとして、将軍からとくに許された者以外の鷹狩りは禁止された。伊達政宗《まさむね》にも久喜周辺に鷹場が与えられているが、政宗の死後、返納されている。また秀忠や家光も家康の影響からか、しばしば鷹狩りを行っている。家康の鷹狩りの行程を記した自筆の「道中宿付」という書付《かきつけ》が、伝わっている。書付には、蕨《わらび》・浦和・川越・忍・岩槻・越谷《こしがや》などで鷹狩りの計画があったことがわかる。記された川越・忍・岩槻には、譜代大名の居城があり、また御殿と呼ばれる将軍専用の休泊施設も置かれている。このほか家光の事績を描いたとみられる「江戸図屛風」には、鴻巣《こうのす》御殿に鷹匠が、付近には鷹行列も描かれている。家光は、一六二八年(寛永《かんえい》五)江戸五里四方を幕府御留場《おとめば》(御拳場《おんこぶしば》)と定め、その外周五里から十里の間に徳川御三家の鷹場を設定した。県域には足立郡と埼玉郡越ヶ谷領付近(現在の南北は川口市から上尾市付近、東西は越谷市西部から荒川左岸の範囲)に紀伊《きい》徳川家、多摩・入間・新座《にいざ》郡に尾張《おわり》徳川家が鷹場を得ている。紀伊家の鷹場では、北端の中山道大宮宿に鷹場本陣が置かれ(現在の大宮駅東口高島屋)、北沢《きたざわ》家が当主を務めた。余談であるが、この北沢家の末裔が大正から昭和前期に活躍した漫画家北沢楽天《らくてん》である。

尾張藩の鷹場の境界を示した榜示杭。「従是南西北 尾張殿鷹場」と刻まれている(宝幢寺境内。志木市)

さらに紀伊徳川家の鷹場の北側には、鷹匠が鷹の訓練や、餌鳥《えとり》調達のための捉飼場《とらえかいば》が設けられていた。また、尾張徳川家は、御拳場同様に鷹場の範囲を示す石造の牓示杭《ほうじぐい》を建て、その遺構が現在も確認できる。鷹場に指定された地域では、公儀鳥《とり》見《み》役《やく》の差配を受け、漁猟や飼鳥の禁止、家屋の普請や祭礼など日常生活に規制がかけられた。

鷹狩りは、家康から家光の時代まで盛んに行われていたが、五代将軍綱吉《つなよし》の「生類憐《しょうるい》れみの令」(一六九六年)により中止される。その後、一七一六年(享《きょう》保《ほう》元)、八代将軍吉宗《よしむね》によって鷹場制度が復活する。一七一八年(同三)、御拳場を六筋に区分して定め、県域には、戸田筋・岩淵筋が当てられ、各筋に鷹場を管理する鳥見役を配した。

鷹場となった村々は、領主に関係なく鷹場役人に支配され、規制や輸送、勢子《せこ》などへの動員、また上納品も命じられるなど、負担が求められた。

日光社参

江戸幕府が、徳川家康によって開かれたため、歴代将軍にとって家康の存在は大きく、祖霊への尊崇の念を抱くことになった。一六一六年(元和《げんな》二)四月十七日、家康が七五歳で駿府《すんぷ》城において亡くなると、ただちに久能山《くのうざん》に埋葬され、遺言に従って翌年、日光山《にっこうさん》へ改葬された。家康の遺柩《いきゅう》が通った久能山から日光山への道筋には、のちに東照宮《とうしょうぐう》が勧請《かんじょう》されている。とくに川越は、家康の側近として宗教政策に関わった天海《てんかい》が住持する喜多院《きたいん》があり、家康の遺柩は四日間留まっている。

秀忠は、家康の遺言に従って久能山に埋葬するとともに、日光山への改葬の準備も進め、東照社を建立した。この時の社殿は、簡素なものであったが、秀忠も一周忌に合わせて東照社に参拝した。これが将軍の日光社参の始まりである。これ以降、大御所と将軍嗣子を含めて一九回(第四回大納言家光社参は史料的未確認のため一八回ともされる)実施された。しかもそのうち一〇回は、家光であることは注目される。家光は、祖父家康により将軍襲職が決められたことから、ひときわ敬慕尊崇の念が強く、のちの寛永社殿造替や東照宮宣下《せんげ》にも表れている。

この日光社参は、埼玉県の歴史に関わりが深い。将軍は江戸城から日光までの往復を、日光御成道《おなりみち》を取り、日光道中を経て東照宮に至る。将軍の行列の様子は、一八四三年(天保《てんぽう》十四)の一二代将軍家《いえ》慶《よし》による最後の様子からみてみよう。

赤羽岩淵《あかばねいわぶち》を過ぎると、一般の通行では渡船であるが、将軍の行列は荒川に架けられた仮橋を渡る。川口宿の錫杖寺《しゃくじょうじ》で昼食、戸塚村で御小休、鳩ケ谷《はとがや》宿、大門《だいもん》宿を経て、岩槻城に入り宿泊。参勤交代の大名は宿場の本陣に休泊するが、将軍は警護の必要から城を本陣とした。そのため日光までの宿泊城となる岩槻城・古河《こが》城・宇都宮城は、側近の譜代大名が配されたのである。岩槻城を出発すると慈恩寺《じおんじ》村宝国寺《ほうこくじ》で御小休《おこやすみ》、幸手《さって》宿手前の上高野村で日光道中に合流し幸手宿の聖福寺《しょうふくじ》で昼食。その後栗橋《くりはし》宿から、利根川の房川渡しに架けられた船橋(船を連結させて、河岸に固定して通常の橋のようにした)で対岸の中田宿に渡り日光に向かった。江戸から日光まで三泊四日の行程で、帰路も同様であったが、船橋は将軍通行の後ただちに撤去された。

船橋の虎綱(とらつな)。将軍が日光社参時に利根川を渡河する際には、船を連結するために直径11センチの虎綱で固定された。船橋は将軍の通行後撤去され、虎綱は関わった者に分配された。画像は最後の日光社参時に使用されたもの(久喜市郷土資料館所蔵)

天保社参は、供奉《ぐぶ》者十四、五万人に及び、人足二十数万人、馬三十万余疋《ひき》。沿道の宿場や村の住民に対して、日常生活に支障が出るような負担や苦労が強いられた。

中山道と日光道中

江戸時代の交通制度は、江戸日本橋を起点に五街道が整備された。関ヶ原合戦の翌年一六〇一年(慶長六)の東海道を皮切りに、翌年中山道と日光道中(最初は奥州街道)などに伝馬《てんま》制度が敷かれて整備された。街道整備というと通行が容易なような道普請と思われがちだが、事は単純ではない。幕府の五街道整備は、実は伝馬制度が主眼であった。伝馬というのは、各宿場に馬と人足を配置し、情報を迅速かつ円滑に江戸と遠隔地とをやりとりすることである。そのため宿場を設置し、早馬などの走行に支障がないように道を整備することにあった。そのため江戸と京・大坂との主要連絡路として東海道と中山道、そして東北方面に奥州道中、のちの日光道中の整備が必要だったのである。

ところで幕府内部でも五街道の概念は、曖昧だったようである。名称についても儒学者で正徳《しょうとく》の治《ち》を主導した新井白石《あらいはくせき》の発案といわれているが、一七一六年(正徳六)四月に東山道の中筋の道ゆえに「中山道」、それまで日光海道とされていたが海がない地域を通るので「日光道中」とされた。奥州道中、甲州道中もしかりである。

さて、中山道は東海道とともに京・大坂と結ぶ大動脈である。東海道に次いで一六〇二年、中山道の整備が開始された。関ヶ原合戦の後もいまだ豊臣恩顧の大名がおり、いつまた大坂城の秀頼《ひでより》の元に糾合するかという危険性をはらんだ情勢であった、そのため、伝馬による通信でいち早く大坂の動きを把握する必要から、東海道が万一の場合のバイパスとして、中山道の整備が急がれたのである。県域には、蕨・浦和・大宮・上尾・桶川《おけがわ》・鴻巣・熊谷・深谷・本庄の九つの宿場が置かれた。特筆されることとして、大宮宿の脇本陣数である。大宮宿の脇本陣は、九軒にのぼり本陣と合わせて一〇軒。天下の険箱根を控える小田原宿が本陣・脇本陣各四軒の合計八軒であることを考えると、脇本陣だけでも日本一の数となる。これはなぜだろうか？　江戸時代の旅人は、一般に一日十里(約四〇キロ)歩く。日本橋を起点として考えると、おおよそ上尾宿、健脚な旅人は桶川宿〜鴻巣宿へ進む。一方、大名の参覲交代行列は人数の多さや道具類の運搬など身軽に歩くことができず、大宮宿泊まりとなるため、本陣・脇本陣数が多いのである。ちなみに脇本陣は、通常は旅籠《はたご》屋を営んでおり、本陣の差合《さしあい》など宿泊が立て込んだ場合に、本陣の格式(上段の間の完備など)をもって務めるのである。

日光道中は、草加・越ヶ谷・粕壁《かすかべ》・杉戸・幸手・栗橋の六宿である。この街道は、奥州と結ぶ幹線である。しかも奥州方面には伊達、佐竹、最上、上杉など外様《とざま》の有力大名が割拠しており、中山道同様に変事への危機管理上からも整備は必要であった。とくに「入り鉄炮に出女」といわれるように、大名の妻子の江戸在住と参勤交代を課し、女性の江戸から出ていく通行にはとりわけ厳しかった。栗橋宿には、栗橋中田関所が置かれ、鉄炮と女性通行の取締りがとくに厳しいことで知られていた。ところが関所記録や旅日記などから、男性通行に関しては、ほぼノーチェックであった。栗橋中田関所は「入り鉄炮に出女」を最重点事項として、関所番士が任に当たっていたことがわかる。五街道の二街道が通る県域は、人々だけではなく情報や文化などが往来する先端地域でもあった。

（杉山）

草《そう》加《か》松《まつ》原《ばら》

松尾芭蕉も歩いた日光道中の名所千本松原

↓P176

草加宿の北側に、街道と綾瀬川《あやせがわ》に沿って草加松原がある。一説には、一六八三年(天和三《てんな》)、代官頭の伊奈《いな》忠篤《ただあつ》が、綾瀬川改修にともなって街道整備の際に植栽したといわれ、千本松原と呼ばれた。一六八九年(元禄《げんろく》二)三月に旅立った松尾芭《まつおば》蕉《しょう》の「おくのほそ道」の旅では、まだ若木であっただろう。高度経済成長のなかで自動車の排気ガスなどにより、松は枯死し六〇本前後にまで減少したが、地元住民などの保護活動により、六三四本の松並木が復活した。現在は、「草加松原公園」として整備され、「日本の道百選」「利根川百景」などになっている。

草加市教育委員会提供

DATA
国名 草加市栄町

栃《とち》本《もとの》関《せき》跡《あと》

中山道と甲州街道の間道に設置

↓P183

甲州へ抜ける秩父《ちちぶ》往還の雁坂《かりさか》峠を控える栃本に置かれた。名主を兼帯する大村氏が、慶長《けいちょう》以来代々関所番士を務めていた。敷地東西に関門があり、番所は大村氏の居宅を兼ねていた。街道北側は急峻《きゅうしゅん》な山、南側は深い渓《たに》で荒川に落ち込んでいる要害堅固な立地である。

また栃本から東へ一里の麻生《あそう》には加番所が置かれ、栃本関へ提出する判鑑を発行していた。栃本では判鑑を受けて書替手形を出し、旅人は甲州側の川浦番所へ提出した。三つの番所で一つの機能を果たしていた。

埼玉県で唯一残る関所遺構である。

筆者提供

DATA
国史 秩父市大滝

鴻巣御殿跡《こうのすごてんあと》

↓P177

一五九三年（文禄《ぶんろく》二）、徳川家康が鷹狩り時の休泊施設として建てた。明暦《めいれき》大火（一六五七年）後、御殿の一部は江戸城に移築され、跡地は元禄頃に東照宮が祀《まつ》られた。

DATA 鴻巣市本町

尾張藩鷹場榜示杭《おわりはんたかばぼうじぐい》

↓P179

尾張徳川家の鷹場であることを示した石造の榜示杭。当時、尾張鷹場を囲んで八三本建てられたといわれる。尾張藩が与えられた鷹場は、埼玉県南西部から東京都北多摩地域にあった。

DATA 川越市松江町ほか

栗橋関跡《くりはしせきあと》

↓P176

日光道中から江戸への出入りを監視するため、一六二四年（寛永《かんえい》元）に関所番士四名が置かれ、一八六九年（明治二）の関所廃止まで存続。関所跡は利根川河川敷内で、付近に記念碑が残る。

DATA 県指定 久喜市栗橋

忍城跡《おしじょうあと》

↓P177

江戸時代は親藩・譜代大名の居城となった。城跡は土塁や堀跡が残り、水城公園として市民の憩いの場所となっている。本丸跡にそびえる忍城御三階櫓《やぐら》は、一九八八年（昭和六十三）に再建された。

DATA 県指定 行田市本丸

錫杖寺《しゃくじょうじ》

↓P176

真言宗智山《ちさん》派。将軍から寺領二〇石の朱印地を賜り、日光社参の際には、昼休所となった。幕末の大奥御年寄瀧山《たきやま》の墓がある。また県内現存最古の川口鋳物作品である銅鐘（県指定文化財）がある。

DATA 川口市本町

大門宿本陣表門《だいもんじゅくほんじんおもてもん》

↓P176

日光御成道大門宿本陣の茅葺《かやぶ》きの長屋門。一六九四年（元禄七）建立。門扉右側に番所が設けられている。近くには一七七六年（安永《あんえい》五）建立の脇本陣表門（市指定文化財）もある。

DATA 県指定 さいたま市緑区大門

6章 江戸を支える

江戸の後背地である埼玉県域は、巨大都市江戸の社会経済を支える地域となった。広大で肥沃な関東平野の生産力を最大限活かすため、幕府により河川改修をはじめ、新田開発、地場産業の保護など経済基盤整備、今でいうインフラ整備が行われた。

水との闘い——河川改修

徳川家康が江戸に入った当初、関東平野には坂東太郎《ばんどうたろう》の異名を持つ大河の〝利根川《とねがわ》〟と武蔵《むさし》国の中央部を流れる〝荒川〟という二大河川と、その支流が乱流していた。しかし、当時は自然の流路に任せたままであった。

そこで利根川と荒川の流路を変える瀬替えが行われた。それを主導したのは、代官頭《だいかんがしら》の伊奈《いな》氏である。初代伊奈備前守忠次《びぜんのかみただつぐ》(一五五〇～一六一〇)は、小室《こむろ》領と鴻巣《こうのす》領に一万石を与えられて小室陣屋(伊奈町)を拠点とした。忠次は、地方巧者《じかたこうしゃ》として、幕府直轄領で検地を推進して備前検地と呼ばれるほどで、河川改修と新田開発を行っている。また備前渠《きょ》用水は、地元では備前堀とも呼ばれるが、これは利根川から引水し、埼玉県北部の本庄市、深谷市、熊谷市を流れ、利根川右岸の水田に灌漑《かんがい》用水

現在の荒川と六堰頭首工（深谷市）

を供給する延長二三キロの農業用水路である。国際かんがい排水委員会（ＩＣＩＤ）から、埼玉県で二件目となる世界かんがい施設遺産に登録されている。

　また荒川から引水した荒川六堰《ろくせき》（大里《おおさと》用水）は、一六〇二年（慶長《けいちょう》七）に、奈良堰が作られ、荒川左岸に玉井堰、大麻生《おおあそう》堰、成田堰、右岸に御正《みしょう》堰、吉見堰（万吉《まげち》堰）の六つの堰が作られた。しかし、上流で大量に水が引水されると、下流の堰では水が不足し水争いになった。また、大雨になると洪水で堰が流されるなど、つねに水との闘いであり、大正時代になり大里用水の水利組合ができ、六堰を統合した「六堰頭首工《とうしゅこう》」が作られるのは、一九三九年（昭和十四）のことであった。しかし、これも河床の上昇やコンクリートの劣化により改修工事が進められたが、堰の一部が水圧により破壊され、二〇〇二年（平成十四）度に完成した。奈良堰から、じつに四〇〇年後のことである。

　ところで利根川の瀬替えは、江戸の穀倉地帯を作ったといっても過言ではない。利根川の工事は、一五九四年（文禄《ぶんろく》三）に忍《おし》城主松平忠吉《まつだいらただよし》の付家老小笠《おがさ》原三郎《わらさぶろう》左衛門《ざえもん》の会《あい》の川《かわ》分流締切りに始まる。この工事は、瀬替えを目的としたものではなく、忍領を水害から守るためとされる。

　本格的な事業は、一六二一年（元和《げんな》七）に伊奈忠次の次男忠治《ただはる》（一五九二〜一六五三）による新川通りの開削により、利根川は栗橋地先で渡良瀬川《わたらせがわ》と合流。この渡良瀬川は、権現堂川《ごんげんどうがわ》から庄内古川《しょうないふるかわ》へと流下していた。同時期に利根川と常陸川《ひたちがわ》をつなぐ赤堀川《あかほりがわ》が開削されたが、一六五四年（承応《じょうおう》三）にさらに拡幅され、利根川・渡良瀬川の流れは関宿《せきやど》へと流下し、利根川東遷が完了した。この間、関宿から金杉まで江戸川筋の開削も行われている。

一方、荒川も、慶長年間(一五九六〜一六一五年)にかつての本流とみられる綾瀬川《あやせがわ》が、足立郡小針《こばり》領《りょう》家村地先《け》で備前堤により締め切られている。さらに一六二九年(寛永《かんえい》六)に大里郡久下《くげ》村地先で締め切られ、和田吉野川筋から入間川へ流下する現在の荒川の流路となり、旧流路は元荒川となった。これにより綾瀬川と元荒川は、流域の湧水などの流路となり、流量は減少した。瀬替えなどの利水・治水事業は、溜井《ためい》や用水路を作る伊奈流、または関東流という工法名で呼ばれている。こうした江戸初期の瀬替えなどの大規模土木工事については、今日では洪水対策や流域の新田開発ばかりではなく、舟運の安定にも目を向ける必要が指摘されている。

江戸初期の地方支配は、忠次没後は、次男の忠治が継いで施策を推進した。忠治は、赤山に陣屋(川口市)を構え、以後伊奈氏は代官頭を一七九二年(寛政《かんせい》四)まで世襲していく。

新田開発——関東の穀倉地帯

伊奈忠次が、備前渠用水を開削したように、忠治もまた、用水路の整備を行い、一六二九年(寛永六)に見沼《みぬま》を用水源とする見沼溜井を造成するために、木曽呂《きぞろ》村(川口市)から附島《つきしま》村(さいたま市緑区)に八丁堤《はっちょうづつみ》を築いた。見沼溜井により埼玉県南部から東京都足立区にかけて二二一カ村の村々を潤したという。このほか幸手《さって》領用水は、のちに古利根川筋へと流されて葛西《かさい》用水となる。

しかも伊奈流による工法により溜井を設けて水を集めることも行われ、琵琶《びわ》溜井や松伏《まつぶし》溜井などが造成されている。このように原野を開発した江戸前期の新田開発は、治水の延長上の副次的な産物ともいえる。

一六五三年（承応二）、江戸の飲料水確保のため玉川上水の開削が、川越藩主でもあった老中《ろうじゅう》松平信《のぶ》綱《つな》を惣奉行《そうぶぎょう》として実施された。竣工の翌年には、家臣の安松金右衛門《やすまつきんうえもん》により玉川上水から分流した野《の》火止《びとめ》用水を開削し、野火止新田へ水を引いている。当初八〇〇石余の石高であったという。

野火止用水本流（平林寺内。新座市教育委員会提供）県指定

その後、川越藩主となった柳沢保明《やなぎさわやすあき》（のち吉保《よしやす》）は、三富《さんとめ》新田を開発。上富・中富・下富に分かれ、一戸の区画が間口四〇間、奥行三七五間の短冊形の地割りとなっている。石高は三四六三石余となった。

享保《きょうほう》期（一七一六〜三六年）以降の新田開発は、幕府の財政再建、つまり年貢増収を図るために推進された。一七二二年（享保七）には、江戸日本橋に新田開発の高札を立てて、町人や農民などに新田開発を奨励した。伊奈忠次により造成された見沼溜井の開発を、一七二五年（同十）、井沢弥惣兵衛為永《いざわやそべえためなが》に命じて着手。これは溜井による用排水だけでは、新たに開発された新田などへの水量が不足することが課題であった。そのため伊奈流の溜井灌漑式から排水分離式の紀州《きしゅう》流を採用し、一七二七年（同十二）に利根川の埼玉郡上中条《かみちゅうじょう》村付近から取水し、柴《しば》山《やま》村において伏越《ふせこし》と掛樋《かけひ》により交差する元荒川などを渡し、足立郡上瓦葺《かみかわらぶき》村で綾瀬川を掛樋で渡して東縁《ひがしべり》用水と西縁用水に分流し、見沼に至る全長六〇キロの見沼代用水が、わずか六カ月の突貫工事で開削された。この結果、不要となった見沼溜井は干拓されて、新田となった。

同時に井沢弥惣兵衛は、見沼新田などで収穫された米などを見沼代用水を利用して、江戸へ輸送することを計画。東縁用水と西縁用水の間に流れる芝川《しばかわ》との、もっとも短い部分に見沼通船堀《つうせんぼり》を開削した。芝川から東縁三九〇メートル、西縁六五〇メートルの長さであるが、問題は芝川との水位の高低差が三メートルあり、そこで東西各二カ所の関(閘門《こうもん》)を作って水位を調節して通船させた。この閘門式運河は、江戸時代の土木技術の高さを示すものであり、国指定史跡、そして国際かんがい排水委員会(ＩＣＩＤ)から、埼玉県で最初の世界かんがい施設遺産に登録された。

こうした新田開発の結果、江戸前期の武蔵国全体の検地では、慶安《けいあん》期(一六五〇年頃)に村数一七〇七村で石高七七万八二五一石(『武蔵田園簿』)であったが、元禄《げんろく》期(一七〇二年頃)には、村数二一一〇村で石高八七万八二七四石(『元禄郷帳』)、さらに天保《てんぽう》期には村数二一七三村、石高九六万七〇石と村数や石高も増加している。

江戸地回り経済圏――藍・紅花・葱・木綿・絹・芋

開発が進められていく埼玉県域は、江戸の後背地として物資の供給が求められ商業活動も活発になっていった。江戸初期は、城下町や在郷町などに六斎市《ろくさいいち》が開かれ、そこに上層の農民や商人などが生産物や商品を運び込んで地域で消費流通していった。川越の榎本弥左衛門《えのもとやざえもん》は、江戸にも出店を持つ塩の仲買人であり、塩問屋から仕入れて川越、松山、秩父などまで広範囲に販路を伸ばしている。

やがて中期以降になると、在方市《ざいかたいち》の姿に変化がみられる。これは江戸の後背地という特質から生まれたもので、各地域に地場産業といえる特産物が生産されてくる。

東部では、武州藍《ぶしゅうあい》。この背景には、この地域で木綿と綿織物の生産が活発になったことも関係している。とくに岩槻《いわつき》木綿は、江戸商人も買い付けに来るほどで、武州青縞《あおじま》と呼ばれる藍で染められた綿織物は特産であった。北部に目を転じると、絹織物があげられる。上州から北武蔵、西武蔵、そして秩父地方は養蚕が盛んで、そこから産出される生糸により秩父絹などという絹織物が生産され、幕末から明治前期には海外への主要な輸出品となっているほどである。

桶川市内の紅花畑。染料や口紅、食用油などの原料として栽培された紅花は、早場ものとして江戸などで歓迎された。桶川市稲荷神社の「紅花商人寄進の石灯籠二基」(桶川市指定文化財)に隆盛をみることができる(桶川市産業観光課提供)

さらに地域が限定される特産品として武州紅花《べにばな》がある。現在の上尾・桶川周辺で栽培されたもので、染料や口紅などに加工された。当時、紅花の主産地は最上《もがみ》紅花(山形県)で、最上から北前船で上方に送られていた。ところが武州紅花は、最上地方より温暖なため時期的に早く収穫ができ、しかも巨大消費地である江戸の商人にとって、上方から製品を取り寄せる必要もないため高値で取引され、一大産地となった。

茶も江戸後期に狭山《さやま》丘陵周辺で、水はけの良い関東ローム層の特性を活かして蒸し製煎茶を産し、江戸の茶問屋と取引を開始して販路を拡大していった。

今日、製作技術が国の重要無形文化財となり、ユネスコの無形文化遺産に登録された小川・東秩父で漉《す》かれる細川紙も、江戸で小川紙として名が知られている。

また、江戸落語の「たらちね」で語られる岩槻葱《ねぎ》も、葉葱の類で甘く柔らかく香りがある。落語にも登場するほど、江戸では日常的に消費されていたことをうかがわせる。盛岡藩南部《なんぶ》家家臣晴山忠太の『岩槻御旧地探索秘記』には、「岩槻ねぎの献上ハ此小溝村より出候よし　毎年十月のころ献ると此村の者の申なり」とあるように将軍に献上されるほどの名産品であった。

江戸の焼き芋屋が、「九里(栗)四里(より)うまい十三里」とかけ声で売り歩いたとされる川越のさつま芋。江戸中期に川越藩領を中心に栽培が始められ、庶民の数少ない甘いもので、しかも安価であったこと、また江戸から川越の距離が、およそ一三里であったことによると巷間《こうかん》伝わる。

これ以外にも防水塗料の赤山柿渋、川口鋳物、川越絹平、岩槻牛蒡《ごぼう》、名栗《なぐり》周辺の西川材など、埼玉県域は今日でいうブランド品といってもいい特産物の一大産地であった。

河岸場と舟運

新田開発などにより生産性が向上、さらに江戸地回り経済圏として一大消費地の江戸を支える武蔵国。これらの物資を江戸に輸送するため、舟運が主力となり、輸送物資が集散する河岸場が発達した。この時代は、五街道をはじめ街道や宿場が発達していたので、輸送手段は街道を馬や荷車を使って輸送すると考えられがちである。これは多分にテレビや映画の影響によるもので、本書第5章で触れたように、江戸幕府による街道の整備は、伝馬《てんま》制度が主眼であった。すなわち、大量の物資を積んだ荷車は、舗装もない土の街道を通ることによって轍《わだち》ができる。轍は、雨で水溜りとなって泥濘《ぬかるみ》となってしまい、疾走する伝馬が足を取られかねない。伝馬の支障となるため、経済活動で商品の運搬が必要な江戸市中の大八車と大坂のべか車以外、五街道での通行が禁止されていたのである。もっとも大量かつ重量のある物資を、短時間で輸送する手段として舟運は最適であった。

そのため地域の物資が集まる場所として、河岸場が活況を呈した。利根川水系、荒川水系など河岸場が整備されていったが、江戸前期は年貢米輸送や領主荷物輸送のため、領主が設置を指示している。新河岸川は、川越街道と並行して江戸とを結ぶ舟運として重要視され、川越藩主の松平信綱により新河岸が整備されて本格的に運航し、前に触れた川越のさつま芋の輸送にも利用され、江戸の評判を上げた。一六九〇年(元禄三)の幕領年貢積み出し河岸の調査では、利根川本流七、権現堂川一、江戸川二、荒川四、新河岸川二の、合わせて一六の河岸場があげられている。また特徴的なことは、江戸への上りでは、農産物や特産品が運ばれたが、下りでは、農村部では生産できない塩・醤油・海産物・酒・干鰯《ほしか》などであり、とくに江戸町内から出される下肥が肥料として重宝されて肥船で運ばれた。

江戸地回りとして商品作物や産物を輸送するために、中期以降新たな河岸場が設置され活況を呈してくると、幕府は運上金《うんじょうきん》を賦課して公認して管理するようになった。河岸場側は、相互の利益を守るため近隣の河岸問屋と問屋組合を結成し、排他的に権利を守り商品流通の拡大を担った。

(杉山)

伊奈《いな》忠次《ただつぐ》・忠治《ただはる》墓《はか》

↓P177

利根川や荒川の瀬替えを行った親子が眠る

徳川家康から足立郡小室《こむろ》・鴻巣《こうのす》に一万石を与えられ、代官《だいかん》頭《がしら》を務めた伊奈忠次。関東を中心に検地、新田開発や河川改修を推進し、とくに利根川《とねがわ》東遷事業の着手、備前渠《びぜんきょ》・備前堤構築など、地方《じかた》支配を進めた。陣屋（伊奈氏屋敷）を小室（現伊奈町）に構え、のちに忠治が赤山《あかやま》陣屋敷を築き移るまで伊奈氏の拠点であった。忠次は一六一〇年（慶長《けいちょう》十五）に没し、鴻巣の勝願寺《しょうがんじ》に葬られた。

次子の忠治も父の跡を継ぎ、利根川東遷事業の推進や荒川の瀬替えを行った。一六五三年（承応《じょうおう》二）に没し、父同様、勝願寺に葬られた。

鴻巣市教育委員会提供

DATA

県指定　鴻巣市本町（勝願寺内）

見沼《みぬま》通船堀《つうせんぼり》

↓P176

江戸との舟運を可能にした閘門式運河

一七三一年（享保《きょうほう》十六）に完成。勘定吟味役《かんじょうぎんみやく》井沢弥惣兵衛《いざわやそべえ》為永《ためなが》により普請が行われた。

見沼新田の開発により収穫された米を江戸に輸送するためには、東西の見沼代用水と中央の芝川《しばかわ》の間に船を通さなければならなかった。そこで、三メートルの水位差を克服するのに二カ所に閘門《こうもん》を設置して水位を調整して通船した。

江戸時代の土木技術を知るうえで貴重な遺構で、通船差配役鈴木家住宅、通船関係者の信仰を集めた水神社、木曽呂《きぞろ》の富士塚とともに国史跡に指定されている。

さいたま観光国際協会提供

DATA

国史　さいたま市緑区大間木

元《もと》荒《あら》川《かわ》起《き》点《てん》の碑《ひ》

↓P180

一六二九年（寛永《かんえい》六）、代官頭伊奈忠治により荒川瀬替えが行われた。熊谷市久《く》下《げ》で締め切られるまで元荒川は荒川の源流で、瀬替えにより和田吉野川から入間川筋へ付け替えられた。

DATA
熊谷市久下

三《さん》富《とめ》新《しん》田《でん》

川越藩主柳沢吉保《やなぎさわよしやす》の命で、家臣の曽《そ》根《ね》権太夫《ごんだゆう》は、新田開発に着手。地割りは整然と短冊状に区切られ、入植した農民に分配された。三新田（上富・中富・下富）の総称。

DATA
県指定　三芳町上富、所沢市中富・下富

赤《あか》山《やま》陣《じん》屋《や》敷《しき》址《あと》

↓P176

一六二九年（寛永六）、代官頭伊奈忠次の次子忠治が構えた関東支配の拠点となった陣屋。堀や土塁で囲まれており、現在も遺構が残る。別名赤山城とも呼ばれる。

DATA
県指定　川口市赤山

野《の》火《び》止《とめ》用《よう》水《すい》

↓P178

一六五五年（承応四）、川越藩主松平《まつだいら》信綱《のぶつな》が家臣の安松金右衛門《やすまつきんえもん》に命じて開削させた用水路。東京都立川市を起点として、志木市の新河岸川にいたる。約二四キロ。

DATA
県指定　新座市野火止

平《へい》林《りん》寺《じ》

↓P178

南北朝時代に創建された臨済宗古刹。一六六三年（寛文《かんぶん》三）、松平信綱の遺命により、岩槻から移転される。仏殿、山門などが県指定文化財になっており、境内林は国指定天然記念物になっている。

DATA
新座市野火止

柴《しば》山《やま》伏《ふせ》越《こし》

↓P176

一七二七年（享保十二）、井沢弥惣兵衛為永によって作られた。交差する元荒川の川底を見沼代用水がサイフォン（連通管）式によって立体交差して抜け出る構造（伏越）となっている。

DATA
白岡市柴山〜蓮田市上平野境

7章 開国、近代への胎動

島原の乱(島原・天草一揆)を最後に、幕末までは天下泰平の世が続いた。しかし、度重なる自然災害は農民の生活に困窮をもたらし、社会情勢の変化により幕政も大きく揺れ動いた。黒船来航、尊皇攘夷運動、公武合体、そして戊辰戦争と目まぐるしく時代が動いた。

一揆騒擾と自然災害

一揆《いっき》とは、一味同心。すなわち同じ目的の下に、力を合わせるために集まることで、農民たちが一致団結して抵抗するため、公儀《こうぎ》に立ち向かった。その多くは、度重なる自然災害に起因して、農村が疲弊した状況下で、年貢増徴や使役賦課などに対するもので、江戸中期以降顕著であった。

一七四二年(寛保《かんぽう》二)七月から八月にかけて関東地方を中心に降った大雨と強風は、利根川《とねがわ》や荒川の堤防を決壊させ、江戸市中まで大洪水となった。奥貫友山《おくぬきゆうざん》著『大水記《おおみずき》』によれば、流家・潰家一万八〇〇〇軒余、水死者一〇五八人、水死馬七〇〇〇疋《ひき》余、決壊堤防延長四万三〇〇〇間余という。これは江戸前期の治水政策が、伊奈《いな》流による治水が溜池などの遊水池をもって管理したのに対し、享保《きょうほう》期(一七一六〜三六年)以降、井沢弥惣兵衛《いざわやそべえ》の紀州《きしゅう》流による両岸の堤防による手法を取ったことで、大洪水により堤防の決壊をもたらすという皮肉な結果となった。この時の水位を示す「寛保洪水位磨崖標《かんぽうこうずいいまがいひょう》」（県指定史跡）が長瀞《ながとろ》町に残るが、荒川から水位が一八メートル増水したことがわかる。また、鷲宮《わしのみや》神社（久喜市）に立つ「寛保治水碑」（県指定史跡）にも、堤防修築に当たった毛利《もうり》家のお手伝い普請に約一〇〇万人が動員されたことと水害の悲惨さを刻んでいる。

一七八三年（天明《てんめい》三）の浅間山大噴火は、もっとも深刻であった。この年六月頃からたびたび大風雨があり、荒川の堤防が決壊するなど被害があった。七月六日、浅間山が大爆発を起こし、県域にも七日夜から火山灰が降り積もるようになった。当時は「砂降り」と呼ばれ、日中でも行灯《あんどん》に火をともすほどだった。さらに噴火による泥流が吾妻川《あがつまがわ》から利根川を下り、周辺に降った火山灰も流入して河床を押し上げたため堤防が決壊し水害が広がった。

こうした自然災害は、農村に作物被害をもたらし、農民たちは年貢増徴要求や物価高騰に耐えかねて、一揆という手段を取らざるを得なかったのである。

とくに一七六四年（明和《めいわ》元）末から翌年正月の中山道伝馬騒動《なかせんどうてんまそうどう》は、江戸時代の一揆として大規模であった。経緯は、翌年に迎える東照宮百五十回忌法要を名目に、幕府が中山道と日光道中沿道一〇里四方の村々に増助郷《ましすけごう》という人馬の徴発を、遠隔地の村々には金六両を課した。しかし、幕府はこの年、朝鮮通信使が来朝するとして、村々に高一〇〇石につき三両一分二朱の高額な国役金を課して納めさせたばかりであった。

閏《うるう》十二月、たび重なる賦課に反対して、信州と上州の農民たちが一斉蜂起《ほうき》をした。武州では、児玉

中山道伝馬騒動の首謀者として獄門となった遠藤兵内の墓（美里町。美里町農林商工課提供）町指定

郡十条村（美里町）の身馴川《みなれがわ》の河原に集結し、本庄《ほんじょう》宿で上州からの一揆と合流、さらに南下にしたがって各宿の助郷村《すけごうむら》も参加し、二〇万人ともいわれる大きな勢力となった。熊谷宿で忍《おし》藩兵が鉄炮で迎え撃つも突破されてしまう。江戸への強訴《ごうそ》は前代未聞のことであり、幕府は関東代官頭《だいかんがしら》伊奈忠宥《ただおき》を派遣し、一揆が桶《おけ》川《がわ》宿まで進んできたところで農民の要求を受け入れることで一旦は鎮まった。ところが、振り上げた拳は収まらず、高利貸しや豪農、一揆に参加しなかった名主などに向かい、各地で打ち壊しが行われた。

その後、幕府は一揆の参加者の摘発を行い、児玉郡関《せき》村（美里町）名主遠藤兵内《ひょうない》が首謀者として獄門となり、その他三六〇人余が処罰された。兵内三回忌に供養塔が建立され、百回忌には「兵内くどき」という事件の顛末《てんまつ》を語った謡曲が作られ、義民として語り継がれている。

さらに幕末の一八六六年（慶応《けいおう》二）六月、武州一揆が勃発した。天候不順により養蚕《ようさん》や農作物が不作となり、第二次長州征討にともなう兵糧米《ひょうろうまい》調達による米価高騰、臨時の御用金賦課などにより、庶民生活は困窮した。入間郡名栗《なぐり》谷から一揆は発生し、飯能《はんのう》に押し寄せて穀屋《こくや》を打ち壊し、一揆は各地に分散、また同時に各地でも蜂起し、北は上州新町・藤岡（群馬県高崎市）、南は八王子、東は水判土《みずはた》（さいたま市西区)、西は大滝村(秩父市)の広範囲におよび、打ち壊された戸数は五二〇軒、参加した農民は一〇万人にのぼった。とくに物価高騰の要因として横浜開港と関連した豪農商に対しては苛烈《かれつ》であった。

しかし、一揆は一週間ほどで幕府や諸藩の防備が整い、村における自衛態勢ができ、関東取締出役などにより鎮圧された。宿場の豪農商は、一揆再発防止のため施米・施金を供出し、また幕府や川越藩なども農兵取り立てなどの施策を打ち出したが、農民からは負担増として反対や一揆など抵抗運動が頻発した。もはや失墜した幕府の権威は、回復することができないことを如実に示すこととなった。

文人墨客の往来

五街道のうちの中山道と日光道中が通る県域は、多くの文人墨客が往来し、江戸、あるいは上方や地方の文化をもたらした。また、彼らの目に映り感じた思いを文字に記し、当時の人々の息づかいや空気が感じられる。彼らは目に映ったありのままや、心象風景を思い思いに筆にのせて遺《のこ》している。最初に日光道中を往来した旅人の紀行文からみていこう。

「月日は百代《はくたい》の過客にして、行きかう年もまた旅人なり」で始まる『おくのほそ道』(奥の細道)。一六八九年(元禄《げんろく》二)三月二十七日、俳人松尾芭蕉《まつおばしょう》は、門人の曽良《そら》をともなって江戸深川の草庵を発《た》った。東北から北陸を経由して美濃大垣《みのおおがき》までの俳諧紀行文である。

船に乗って千住《せんじゅ》に渡り、「其日　漸《ようよう》　草加《そうか》と云宿《いうしゅく》にたどり着にけり」と、日光道中草加宿に着いたとあ

江戸時代後期の中山道熊谷宿手前の久下の立場「御狩屋（みかりや）」の様子が描かれた浮世絵「岐阻道中熊谷宿八丁堤景」（渓斎英泉画。国立国会図書館所蔵）

る。この記述から従来芭蕉は、最初に草加宿に宿泊したとされてきたが、近年同行した曽良の日記が発見され、そこに「廿七日夜、カスカベ泊ル。江戸ヨリ九里余。」とあったことから、粕壁《かすかべ》宿に宿泊したことが明らかになった。草加と記したのは、奥州への長い旅路に生きて帰れるか不分明という暗い気持ちを、足が重くてようやく草加までたどり着いたという、芭蕉ならではの文学的表現ともいわれている。当時は一日に約一〇里、すなわち四〇キロ歩くので、粕壁まで行くのが自然である。なお、草加には、芭蕉が通った日光道中両側一・五キロにわたり「草加松原」と呼ばれる六三四本の松並木があり、「おくのほそ道の風景地」として、芭蕉像とともに当時の景観を偲《しの》ばせている。

芭蕉と同時期の一七〇三年（元禄十六）、結城《ゆうき》藩家老の水野《みずの》織部《おりべ》長福《おさもと》の『結城使行』は、江戸と国元結城との往復の記録である。草加宿では「此辺道はゞひろくて左右になみ木の松枝をふるまふこと一・二町が間もあるらん」と草加松原を彷彿《ほうふつ》とさせる。粕壁宿では「いろゝゝの煮売り迄《まで》かずゝゝにて、にぎめきわたり都に出でたる心地す」と、飯や魚・野菜・豆などを煮て売る煮売屋が立ち並んで賑《にぎ》やかな様をうかがわせる。

一八一二～一四年(文化九～十一)頃の江戸廓然寺《かくねんじ》住職・津田大浄《つだたいじょう》の『遊歴雑記』では、「両処(大宮・粕壁)より通行する路すがら　片鄙《へんぴ》の僻地《へきち》といひながら　左右に松のミ生ぜし平山あり　或ハ村あり　平原あり　田にそひ畑にしたがひ　風色ところどころ一変して　随意の独行実におもしろし　旅ハ路づれとハいへど近国の逍遥《しょうよう》ハなきにしかず」と、江戸近郊の散歩とは思えないほど風光明媚《めいび》な場所であるという。

次に中山道を歩いてみよう。大田南畝《おおたなんぽ》、または大田蜀山人《しょくさんじん》として知られる大田直次郎《なおじろう》は、幕府御家《ごけ》人《にん》であるが文人・狂歌師として名高い人物である。南畝もまた、中山道を通りその風景を記している。一八〇二年(享和《きょうわ》二)、前年から支配勘定《しはいかんじょう》として大坂銅座《どうざ》詰めとなり、出張の帰路を中山道に取った記録が『壬戌紀行《じんじゅつきこう》』である。武蔵《むさし》国に入って熊谷宿の様子をこう記している。「熊谷の駅にいたれば道はゞ岡部よりもひろく、人家ことに賑ひて江戸のさまに似たり」と、熊谷宿が江戸の町のような賑わいをみせていると記す。また興味深い記述として、即席料理などと書いた看板があるといい、今でいうファストフード店であろうか。薬屋の看板が、楷書で書かれており、京坂の看板が草書であったので、初めて江戸に帰ってきた心地という感想を漏らしている。ところが江戸に近くなる鴻巣《こうのす》、桶川、上《あげ》尾《お》、大宮の宿場は「ひなびたり」や「わびしき所也」などと記されている。

このほか御三卿《ごさんきょう》清水《しみず》家用人の村尾嘉陵《むらおかりょう》は、一八一九年(文政《ぶんせい》二)『中山道大宮紀行』のなかで、さいたま市北区宮原付近で見た風景を「この辺を大宮の原といふ、西のかたに富士はさら也、秩父、八王子の山々を見わたす、武甲山はやゝちかく、猶《なお》其こなたに峙《そばだ》たる山々は、木の葉いろづきたるを、それぞとみる程なるもあり」と、西方の富士山や秩父の山々の見晴らしを愛《め》でている。

日光道中と中山道を旅した文人墨客は、江戸近郊でありながら風光明媚と都鄙《とひ》の風情を感じている。

中山道最大の宿場町であった本庄宿の田村本陣（北本陣）の表門。現在は、旧本庄警察署の前に移築されている（本庄市。本庄市教育委員会提供）市指定

皇女和宮

将軍御台所《みだいどころ》（正室）は、三代将軍家光《いえみつ》以降、代々京の宮家か公家の娘を迎えることが慣例となった。徳川家としては、朝廷との関係強化と権威付けを目的としており、政略的な意味合いが強い婚姻である。

姫君の江戸東下の行列は、一四人の姫君のうち六人が中山道を通っていることが、史料から確かめられる。九代家重《いえしげ》に比宮《なみのみや》（伏見宮邦永《ふしみのみやくになが》親王王女）、一〇代家治《いえはる》に五十宮倫子《いそのみやともこ》（閑《かん》院宮直仁《いんのみやなおひと》親王王女）、一二代家慶《いえよし》に楽宮喬子《さざのみやたかこ》（有栖川宮織仁《ありすがわのみやおりひと》親王王女）、一三代家定《いえさだ》に有君《ありぎみ》（鷹司政熙《たかつかさまさひろ》女・鷹司政通《まさみち》養女）、同家定継室に寿明君秀子《すめぎみひでこ》（一条忠良《いちじょうただよし》女）で、いずれも宮家や五摂家《ごせっけ》の姫君である。

ところが天皇の娘が初めて選ばれ、一四代家茂《いえもち》に嫁すことになった。和宮親子《かずのみやちかこ》内親王である。ペリ

ーによる黒船来航に端を発した開港問題や尊王攘夷《そんのうじょうい》運動の高まりによる緊張状態の朝幕関係修復のため、公武一和《こうぶいちわ》の名のもとに降嫁することになった。和宮は、仁孝《にんこう》天皇第八王女であり、孝明《こうめい》天皇の異母妹で、降嫁時一六歳であった。

当時、和宮は有栖川宮熾仁《たるひと》親王と婚約しており、それを破談にして江戸へ下らなければならず、その心情を次のように詠んでいる。

惜しまじな　君と民とのためなれば　身は武蔵野の　露と消ゆとも

まさに公武一和のもと、兄孝明天皇と世のため、自身はこれまで見知ったことのない関東で果てようともかまわないという、悲痛な思いが読みとれる。

一八六一年(文久元《ぶんきゅう》)四月十九日、兄孝明天皇から内親王宣下《ないしんのうせんげ》を受けて「親子」名を賜った。十月二十日、和宮の降嫁行列は京を発《た》って中山道を江戸に下った。二六泊二七日の旅路である。十一月十一日武蔵国に入って本庄宿。十二日熊谷宿。十三日桶川宿。十四日蕨《わらび》宿で御小休《おこやすみ》の後、荒川の戸田の渡しを越えて板橋宿、十五日に江戸城北の丸清水邸に入った。

県内を通行する和宮降嫁に関する史料では、桶川宿支配の代官所から日光道中筋の粕壁・杉戸・幸手《さって》・栗橋の四宿に対して、桶川宿では対応できない膳椀《ぜんわん》一二〇〇人前、夜着布団二〇〇〇人分、旅籠《はたご》屋か煮売屋の者二〇人を貸してほしいという要求が出されている。四宿とも一般の休泊もあり、要求通りの数は揃えられなかった。まさに和宮一行を受け入れる宿場側の混乱ぶりを物語っている。

蕨宿本陣の『和宮様御下向御用日記留』は、庶民の目線での記録である。「和宮様当宿え午《うま》ノ中刻過、御着輿、同下刻　御発輿被為遊候、存之外御静謐《せいひつ》ニて諸事首尾能相済候、暁頃より御通行往来一様ニ御通輿済迄は、布引の如く誠前代未聞之事ニ候」とあり、静粛ななかにも荘厳な行列であり、まさに前代未聞の行列として庶民の耳目を驚かせた。中山道の歴史にとって、最後の大きな出来事であった。

氷川神社行幸——幕府崩壊と近代黎明

幕末から明治維新にかけての中山道は、歴史の証人として往来する人々を見ていた。和宮降嫁のあと、一八六三年(文久三)二月、攘夷決行と京の治安回復などを幕府に建白した清河八郎《きよかわはちろう》が、上洛《じょうらく》する将軍家茂の先鋒隊として浪士組《ろうしぐみ》を率いて中山道を京に上っていった。浪士組には、一番組小頭《こがしら》として冑山《かぶとやま》(熊谷市)の根岸友山《ねぎしゆうざん》、のちに新選組《しんせんぐみ》となる芹沢鴨《せりざわかも》、近藤勇《こんどういさみ》、土方歳三《ひじかたとしぞう》らも加わっている。

京に着いた清河は、幕府に無断で攘夷を朝廷に奏請して勅諚《ちょくじょう》を得てしまった。浪士組は江戸に戻ることとなったが、芹沢や近藤は清河と袂《たもと》を分かって京に残り壬生《みぶ》浪士組、のちに新選組となった。三月浪士組は、再び中山道を江戸に下り、四月十五日に攘夷を決行することとしたが、幕府側も暴挙を看過できず、直前に清河を暗殺し攘夷を阻止した。

時代の変革の流れは、京から一気に中山道を下り、一八六八年(慶応四)三月、東征軍の一隊・東山

『氷川神社行幸絵巻』部分。1868年(明治元)、明治天皇が氷川神社に行幸した様子を描いた、長さ13.32メートルの長大な絵巻。天皇の乗る鳳輦を中心に総勢540名の壮大な行列を描く(氷川神社所蔵。さいたま市立博物館提供) **県指定**

道軍が錦旗《きんき》を掲げて進軍し、やがて江戸城無血開城となり、新しい時代が開かれることとなった。

明治に改元した同年十月十三日、明治天皇は東京に行幸《ぎょうこう》し、東京城に入った。間もない同月十八日には、天皇は中山道を通り武蔵一宮氷川《ひかわ》神社に行幸している。行幸に際して、氷川神社に御親祭勅書を下し武蔵国総鎮守とした。この時の様子は、後年「氷川神社行幸絵巻」(県指定文化財/氷川神社所蔵)として詳細に描かれている。

天皇はいったん京に還幸したが、翌年三月、再び東幸して東京城を皇城とし、十月皇后も東京に移り、事実上東京が首都となった。本来遷都する場合には詔《みことのり》を発するが、東京に関しては正式な詔がなかったため奠都《てんと》という。

同年十月、明治天皇は再び氷川神社に行幸した。沿道の人々は、これまで京にいた天皇は遠い存在であり、目の当たりにすることはなかった天皇の姿に接することで、明治という近代国家の幕開けという新しい時代への変革を実感したことであろう。

(杉山)

桶川宿本陣遺構《おけがわじゅくほんじんいこう》

→P177

県内中山道筋で残る唯一の本陣の建物

かつて桶川宿の中心であった本陣は、主屋に当たる上段の間・入側《いりがわ》・次の間、御湯殿・御用所などからなる。本陣が置かれたのは寛永《かんえい》年間(一六二四～四四年)といわれ、上段の間は八畳、次の間は一四畳の広さがある。徳川御三家が利用したほか、一八六一年(文久《ぶんきゅう》元)、皇女和宮《かずのみや》が降嫁の際に京から江戸へ向かう途中、宿泊したことで知られる。

また、一八七八年(明治十一)には、明治天皇巡幸《じゅんこう》時の行在所《あんざいしょ》(休憩をとる際などの仮の御所)となった。個人宅(私有地)のため、原則非公開で立ち入りはできない。

桶川市教育委員会提供

DATA
県指定 桶川市寿

氷川神社《ひかわじんじゃ》

→P177

延喜式内社の名神大社、武蔵一宮として崇敬を集める

氷川神社の分布は、旧武蔵《むさし》国足立郡を中心に約二八〇社を数え、その総本社である。大宮の地名は、氷川神社が鎮座する「大いなる宮居」に由来するといわれている。御祭神は、須《す》佐《さ》之男命《のおのみこと》・稲田姫命《いなだひめのみこと》・大己貴命《おおなむちのみこと》の三柱を祀る。江戸時代までは三柱が一社ずつ祀られていたが、現在は本殿に合祀されている。一八六八年(明治元)、明治天皇が東京城に入り、ただちに氷川神社に行幸《ぎょうこう》し武蔵国鎮守勅祭社とした。現在、神社は元神領であった大宮公園内にあり、中山道からの参道の長さは約二キロと、直線参道としては日本一といわれている。

氷川神社提供

DATA
さいたま市大宮区高鼻町

遠《えん》藤《どう》兵《ひょう》内《ない》墓《はか》

↓P181

遠藤兵内は中山道伝馬《てんま》騒動の首謀者のひとりとされ、獄門となった。一七六八年(明和《めいわ》五)、遠藤兵内を追善供養するため関観音堂地内に宝篋印塔《ほうきょういんとう》が建立された。

DATA
町指定 美里町関

田《た》村《むら》本《ほん》陣《じん》の門《もん》

↓P180

中山道本庄宿《ほんじょう》の田村本陣(北本陣)の表門。本庄宿には内田本陣(南本陣)がのちにできたが、唯一の本陣の建物遺構。現在は旧本庄警察署の前に移築されている。

DATA
市指定 本庄市中央

根《ね》岸《ぎし》家《け》長《なが》屋《や》門《もん》

↓P180

浪士組《ろうしぐみ》に参加した根岸友山《ゆうざん》の家の門。江戸後期の建築で、剣術道場「振武所《しんぶしょ》」と番頭たちの帳場の部屋が設けられた。現在は、友山・武香ミュージアムとして公開。

DATA
市指定 熊谷市冑山

訪《ほう》瓺《へい》録《ろく》

↓P180

学者、画家として幕末に活躍した田原《たはら》藩士渡辺崋山《わたなべかざん》が、藩主三宅康直《みやけやすなお》の命により、旧領の三ヶ尻《みかじり》村(熊谷市)を調査した記録。原本は焼失し、写本の龍泉寺《りゅうせんじ》本が唯一の史料。

DATA
県指定 熊谷市三ヶ尻（龍泉寺所蔵）

奥《おく》貫《ぬき》友《ゆう》山《ざん》墓《はか》

↓P178

地元の名主を永く務めた教育者・奥貫友山の墓。一七四二年(寛保《かんぽう》二)の大洪水の際、私財を投じて、川越領内の罹災者を助けたのをはじめとし、多くの救済事業にあたった慈善家として知られる。

DATA
県指定 川越市久下戸

義《ぎ》賑《しん》窮《きゅう》餓《が》之《の》碑《ひ》

↓P176

一七八三年(天明《てんめい》三)の浅間山噴火による大飢饉《ききん》が発生した際、金銭や穀物を出して人々の救済に努めた幸手《さって》宿の豪商二一人の事績を、後世に伝えるために建てられた碑。

DATA
県指定 幸手市北（正福寺内）

8章 埼玉県の誕生

幕末の動乱を経て誕生した明治新政府は、近代国家としての体裁を早急に整えるべく、欧米列強諸国の制度を貪欲に吸収しながら、社会の仕組みを大きく変える改革を推し進めていく。急速に変貌していく近代日本と、埼玉県の姿をみる。

埼玉県ができるまで

ＪＲ浦和駅から徒歩一〇分、現在の埼玉県庁本庁舎は、一九五五年(昭和三十)竣工の、築七〇年になろうという年代物の建物である。近年では昭和の役所建築の雰囲気を活かして、映画やドラマの撮影にも頻繁に利用されている。庁舎の建物としては三代目にあたるが、一八七一年(明治四)に埼玉県が誕生して以来一五〇年以上、県庁は変わらずこの地にあり、県の歩みを見つめてきた。

一八七一年七月、明治政府は廃藩置県を断行する。これに先立つ一八六九年の版籍奉還《はんせきほうかん》の後も、藩と藩主は地方行政組織として存続していたが、廃藩置県によって旧藩は県と改められ、県には政府任命の県令《けんれい》(県知事)が派遣された。これをもって、名実ともに武家政治が終焉したことになる。

その後、全国で県の統廃合が進められた結果、同年十一月、現在の埼玉県域には荒川を境にして東側に埼玉県、西側に入間《いるま》県が置かれることになった。今日の十一月十四日「県民の日」の由来である。

埼玉県庁の場所は当初岩槻《いわつき》町(現さいたま市岩槻区)に定められたが、適当な建物がないとして〝当面の間〟は浦和宿の旧浦和県庁舎に置かれた。その後幾度か再燃することになる県庁の場所をめぐる綱引きは、ここに端を発している。一方、入間県庁は川越に置かれたが、これで終わりではなかった。

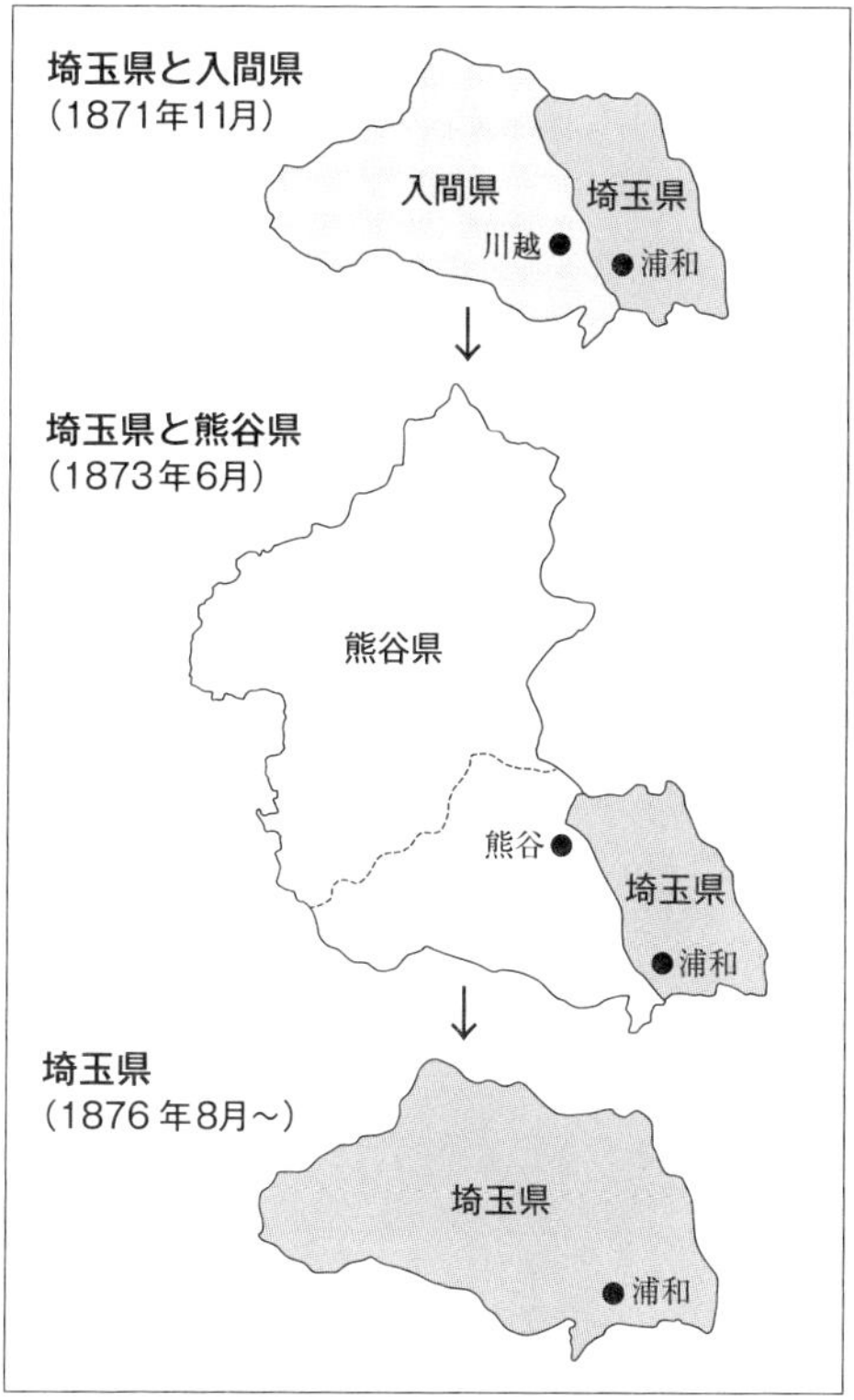

県域の変遷(『新編埼玉県史図録』〈埼玉県、1993年〉P212掲載図を元に作成)

一八七三年、入間県と群馬県が統合されて熊《くま》谷《がや》県となり、県庁が熊谷に置かれたのである。これには江戸時代以来の川越藩と前橋藩との関係性が背景にあり、当時の入間県令河瀬《かわせ》秀《ひで》治《はる》は群馬県令も兼任していた。

ところが、旧入間県と群馬県では地勢や民情に大きな差があるなど当初から不協和音が生じており、わずか三年後の一八七六年には再び分離され、旧入間県と埼玉県が統合して、ようやくほぼ現在の県域である「新埼玉県」が誕生した。近代埼玉の歴史は、ここから展開していくことになる。

新埼玉県の県庁は浦和に据え置かれた。しかし明治二十年代になって、県北地域の県会議員を中心に熊谷への県庁移転運動が起こり、県政が混乱する。これを憂慮した当時の小松原英太郎《こまつばらえいたろう》知事が浦和を正式な県庁所在地と認めるよう政府に働きかけた結果、一八九〇年に勅令の公布によって県庁の位置が正式に浦和に確定した。

近代国家への改革――学制・徴兵制・地租改正

国家としての体裁が整いはじめたとはいえ、近代化を急ぐためにはこれまでの制度を根本から覆すような改革が必要であった。なかでも、人々に大きな影響を与えた三つの改革をみてみたい。

一八七二年(明治五)八月、政府はすべての国民が義務教育を受けることを目的として「学制」を公布した。しかし、授業料や教科書代、学校運営に係る経費負担などが課せられたうえ、子どもも労働の一端を担っていたため就学率は上がらず、国民皆学が達成されたのは小学校の授業料負担が全廃された明治三十年代になってからである。校舎は当初寺院などが使用されたが、財力のある地域では欧風建築の学校も建てられ、地域の誇りとして愛された。

一八七八年に新築された浦和の埼玉県師範学校校舎も明治の欧風建築の典型である。現在、さいた

さいたま市立浦和博物館。「鳳翔閣」の別名を持つ。1971年(昭和46)に現地に部分復元された(さいたま市緑区。さいたま市立浦和博物館提供)

ま市立浦和博物館建物に外観の一部が復元されている。また、Ｊリーグ浦和レッドダイヤモンズのエンブレムにもモチーフとして描かれている。

一八七三年一月には徴兵令が公布された。士族・平民に関わりなく、国民すべての男子は満二〇歳に達すると徴兵検査によって選別され、合格者は兵役に服することが義務づけられた。当初は戸主や学生などは免役条項があり、徴兵を忌避する者も多かったが、西南戦争《せいなんせんそう》を経て制度が強化され、明治時代後期には国民皆兵主義が徹底されるようになる。

廃藩置県を契機に、政府は国家財政の基礎である収税の安定化を図るため、土地制度の改革に着手し、「地券」を発行して土地の所有と売買の公認を行った。さらに、一八七三年七月には「地租改正条例」が公布された。これは、①税金を石高《こくだか》制から一定した地価に変更し、②物納から金納に改めて税率を地価の三パーセント(のちに二・五パーセントに減租)とする、③土地所有者を納税者とする、などが骨子であった。

地租改正事業は各地で難航する。埼玉県では一八七五年に土地測量が開始された。全国的には遅れた着手であるが、県では地租改正によって増租になるとの反発が強く、説得に時間を要したためである。測量は「地押丈量《じおしじょうりょう》」と呼ばれ、作業は村々から集められた測量人と村役人らによって田・畑・宅地・山林・原野など、すべての土地に対して行われ、作業に係る費用は税金として徴収された。

測量終了後、地租の課税基準となる地価を算定する際にも困難を極めた。これまでの税収を減少させない、というのが政府の方針であったため、当時の白根《しらね》多助《たすけ》県令は実質的な増税となったことに不満をもつ農民たちに説諭書を出し、県内を巡回して協力を求めている。

地租改正によって、県全体の地租は田については若干の減租となったが、畑地その他が大幅な増租となったため、とくに畑地の多い旧入間県にとっては大きな痛手となった。なお、埼玉県は全国でも東京府に次ぐ二番目の増租県であった。

困民党が追い求めたもの――秩父事件

明治政府が理想とした近代国家の姿は、憲法に基づく立憲政治体制であった。こうした政府の動きに対して、民間からも国会開設や憲法制定などを求める自由民権運動が沸き起こり、やがてその急進的な動きに警戒した政府と対立するようになる。

一八七四年(明治七)の「民撰議院設立建白書」の提出を契機に全国へ自由民権運動が広がり、埼玉県下でも熊谷で七名社《しちめいしゃ》が結成されるなど三〇ほどの民権結社が誕生した。政府は一八八一年に一〇年後の国会開設を公約したため、民権結社は政党を結成し、同年に自由党が、翌年には立憲改進党が結成された。

当時の日本は、西南戦争後のインフレーションが続くなか、大蔵卿《おおくらきょう》松方正義《まつかたまさよし》の極端な緊縮財政によって米や生糸の価格が暴落し、農民たちは困窮していた。こうした農民たちの政府への不平不満は、地方へと浸透してきた自由民権運動と結びつき、福島事件や加波山《かばさん》事件をはじめ各地で激化事件を起こすことになる。

秩父事件が記録された埼玉県の公文書(埼玉県立文書館所蔵)
重文

不況のもっとも強まった一八八四年、秩父《ちちぶ》事件が起こる。養蚕《ようさん》業に依存していた秩父地方の農民は負債に苦しみ、自由党の影響のもとに秩父困民党《こんみんとう》を結成して高利貸に借金返済の延期を求めていた。やがて困民党の運動目標は借金の据え置きと年賦《ねんぷ》返済のほかに、小学校の休校や雑収税の軽減、村費減免などにも広がった。警察署や郡役所などへ請願を繰り返していたが叶わず、十月三十一日の武装蜂起《ほうき》にいたったのである。

十一月一日、秩父困民党は田代栄助《たしろえいすけ》を総理として下

札所23番音楽寺。この梵鐘を打ち鳴らすのを合図に、困民党が秩父大宮郷に駆け下ったと伝わる(秩父市。秩父市教育委員会提供) 市指定

吉田村の椋《むく》神社に結集した後、高利貸や戸長役場を襲いながら小鹿野《おがの》へと進む。そして二日には大宮郷に進入し、警察署や裁判所を破壊、郡役所を本営の「革命本部」とした。この後四日にわたって大宮郷一帯を占拠し、多くの高利貸を襲撃している。

県はこれに対し政府に軍隊の派遣を要請した。警官隊のほか、東京鎮台兵と憲兵隊が四日までに秩父周辺に到着、事件の鎮圧にあたった。困民党は敗北し、本部は五日には解体するが、支隊は各地で激しい戦闘を繰り広げながら敗走し、十一月九日、長野の野辺山《のべやま》高原に達したところでついに壊滅する。

事件の後、幹部ら七人は死刑、参加者約四〇〇〇人が処罰された。事件に関わった地域では「暴徒」の起こした不祥事として長く沈黙を保っていたが、戦後になって事件の研究や顕彰活動が進み、蜂起百周年の際には自治体や市民団体などによって記念行事が行われた。さらに、二〇〇四年(平成十六)の百二十周年には映画「草の乱」が製作されるなど、秩父事件は現在地域おこしの一つとして見直されており、関連史跡を巡るルートや解説板なども整備されている。

豊かな国となるために――産業の近代化

欧米列強に肩を並べる強国になるため、明治新政府は殖産興業政策を推し進めていく。先進技術の導入を目指した官営模範工場の設立や、専門技術をもった外国人の雇用などのほか、輸出の促進や在来産業の育成にも余念がなかった。

幕末の開港以来、輸出産業の中心となったのが製糸業である。埼玉県は、長野・群馬県などと並ぶ全国屈指の養蚕県であり、横浜港に近いという地の利もあった。官営富岡製糸場の初代場長は深谷出身の尾高惇忠《おだかじゅんちゅう》が務めたが、県内からも多くの女性がここで学び、帰郷後はその技術を各地域に広めた。生産量の増大とともに粗悪品も出回るようになったため、政府と県は品種改良とその保持にも力を注いだ。木村九蔵《きむらくぞう》による養蚕改良競進社の設立などの先駆的な活動もあって、埼玉の養蚕・製糸業はいっそう進展していく。

一八七七年(明治十)、高麗《こま》郡上広瀬村(現狭山市)に県下で最初の器械製糸会社である暢業社《ちょうぎょうしゃ》が創業したのを皮切りに、各地に器械製糸場が設立された。なかでも一八九三年に入間郡豊岡町(現入間市)に創業した石川組製糸は、急激に販路を拡大して県内ばかりでなく福島や愛知などにも工場を持ち、最盛期には横浜への生糸出荷高が全国六位を記録するなどの発展を遂げた。

生糸と並んで重要な輸出品であった〝茶〟の製茶業も埼玉で明治期に勃興した産業である。入間郡黒須村(同前)の繁田武平《はんだぶへい》は一八七五年に狭山会社を設立した。海外直輸出のため茶の栽培・製法を統

狭山会社がアメリカで販売した茶のラベル
（入間市博物館所蔵）

一して品質の向上に努めたほか、各地でも茶業組合が結成された。

蕨《わらび》の双子織《ふたごおり》などの綿織物も「埼玉織物」として全国にその名をはせ、明治後期には全国一位の生産額を占めている。このほか、秩父・入間地方の絹織物、川口の鋳物業、行田の足袋《たび》など、もとはそれぞれ家内工業として営まれていたものだが、近代化の洗礼を受けて発展し、以降は同業組合などを結成して品質の改良に取り組んでいった。

産業の近代化は金融の近代化と両輪でもある。政府は一八七一年に新貨条例を定めて円・銭・厘の新硬貨を製造、翌年には国立銀行条例を公布し、各地に国立銀行が設立された。

一八七八年、川越町に埼玉で初めての銀行、第八十五銀行が開業した。川越の豪商が担い手となった民間資本の銀行である。これ以降、県内には私立銀行の設立が相次いだ。私立銀行は織物・製茶・和紙産業など資金需要が活発な地域に集中し、商人や地主がその主体となっていた。

（井上）

旧石川組製糸西洋館。1921年(大正10)に迎賓館として建てられた。現在は一般公開されている(入間市。筆者提供) 登録

旧第八十五銀行本店本館(現埼玉りそな銀行川越支店)。社屋は1918年(大正７)に竣工した(川越市) 登録

深谷《ふかや》商業《しょうぎょう》高等《こうとう》学校《がっこう》記念館《きねんかん》

↓P180

創建当時の姿に蘇った巍峨壮麗の二層楼

一九二二年(大正十一)四月に竣工した深谷商業高等学校の旧校舎は、フレンチ・ルネサンス様式に和風の要素を取り込んだもので、本校の校歌にも歌われる「巍峨《ぎが》壮麗」とは、山や建物などが美しく聳《そび》える様子を表す言葉である。長く当地域のシンボルとして雄姿を誇ってきたが、老朽化と耐震のため、二〇一一年から大規模な保存修理工事が行われ、二年後に竣工。これにあわせて資料をもとに外壁を創建当初の萌黄《もえぎ》色に塗り替えたことで話題を呼んだ。今後は学校の施設にとどまらず、地域振興のランドマークとしての役割が期待されている。

筆者提供

DATA
登録　深谷市原郷

椋《むく》神社《じんじゃ》

↓P182

困民党蜂起の地・龍勢の社

延喜《えんぎ》式内社《しきないしゃ》である下吉田の椋神社は、秩父事件の際に困民《こんみん》党《とう》勢約三〇〇〇人が集結した地として知られている。この境内で田代栄助《たしろえいすけ》ら幹部が選出され、軍律五カ条が読み上げられて武装蜂起《ほうき》が始まった。境内には事件百年を記念して建立されたブロンズ製の青年像と「秩父事件百年の碑」がある。社殿は秩父市指定文化財(建造物)である。椋神社の例大祭は「龍勢《りゅうせい》祭」とも呼ばれる。高さ二〇メートルの櫓《やぐら》から龍勢(手製のロケット)が発射される勇壮な祭りはほかに例を見ず、二〇一八年(平成三十)に国の重要無形民俗文化財に指定された。

椋神社提供

DATA
市指定　秩父市下吉田

競《きょう》進《しん》社《しゃ》模《も》範《はん》蚕《さん》室《しつ》

世界最先端の養蚕技術を広めた拠点

→P181

競進社は、木村九蔵《きむらくぞう》が一八七七年（明治十）に結成した養蚕《ようさん》改良とその伝習のための組織（当初は競進組）である。九蔵は「一派温暖育法」という蚕室内の換気と乾燥を重視した蚕の飼育法を考案したが、さらなる改良と生徒育成のため、一八九四年、児玉の伝習所内に専用の蚕室を建設した。これが現在の模範蚕室である。当時の日本の養蚕技術は世界最先端であり、その研究は国家的なプロジェクトでもあった。

近年では、世界文化遺産「富岡製糸場と絹産業遺産群」の関連施設としても模範蚕室の価値が注目されている。

筆者提供

DATA
県指定 本庄市児玉町

旧《きゅう》本《ほん》庄《じょう》商《しょう》業《ぎょう》銀《ぎん》行《こう》煉《れん》瓦《が》倉《そう》庫《こ》

繭で繁栄した本庄を象徴する繭と生糸の倉庫

→P181

一八九六年（明治二十九）に建てられた煉瓦造りの倉庫で、左右対称式の窓、キングポスト式の釣り天井など、当時の最新工法で建築され、深谷の日本煉瓦製造で焼成された煉瓦が使用されている。中山道最大の宿場町であった本庄は、明治になると繭の取引市場として繁栄した。銀行融資の担保となったのが繭や生糸で、大量の繭を保管する倉庫が必要になったのである。二〇一一年（平成二十三）に本庄市所有となり、養蚕と絹のまち本庄のシンボルとして大規模改修工事と整備が行われ、現在は展示・交流施設や多目的ホールとして使用されている。

筆者提供

DATA
登録 本庄市銀座

9章 近代化の礎・渋沢栄一の足跡

近代日本のあゆみは、日本の資本主義の父と呼ばれる渋沢栄一を抜きにして語れない。地球規模で思考する渋沢の生涯は、彼を育んだ埼玉の風土によるものといっても過言ではないだろう。埼玉に遺る業績から、栄一の近代日本へのまなざしをみてみよう。

渋沢栄一と血洗島

二〇二四年(令和六)度に発行される新一万円札の肖像に選ばれ、日本の資本主義の父として知られる渋沢栄一《しぶさわえいいち》。栄一は、一八四〇年(天保《てんぽう》十一)二月十三日、武蔵《むさし》国榛澤《はんざわ》郡血洗島《ちあらいじま》村(現深谷市血洗島)に元助《もとすけ》(市郎右衛門《いちろうえもん》・号晩香《ばんこう》)とゑいの長男として誕生した。

この物騒な地名の由来について、栄一はたびたび質問を受けたという。度重なる利根川《とねがわ》の氾濫《はんらん》のため地が荒れ、水が地を洗うように流れた。赤城の山ムカデが、日光の大蛇と戦って片腕の傷口をこの地で洗った。アイヌ語の岸や末端を意味する「ケッセン」に血洗が充てられた。後三年《ごさんねん》合戦(一〇八三〜八七年)の途中、源義家《みなもとのよしいえ》の家臣が切り落とされた片手を洗った。等々、諸説がある。この地名の由来のように血洗島は、水田が少なく畑作中心であり、岡部《おかべ》藩への年貢も金納であり、早くから貨幣経済が浸透していた地域である。また、近隣の利根川の舟運や中山道と深谷宿は、江戸からの物資ばかりでなく、情報もいち早く得られる適地でもあった。

生家は、「中の家《なかんち》」と呼ばれる渋沢宗家で、農業や荒物、質商いのほか藍玉《あいだま》加工をして販売していた。換金性が高い商いのため、家は村の富裕農家であった。幼少期から、父に代わって上州・信州に商いに赴いている。信州に商いで訪れた栄一は、内山峡《うちやまきょう》(長野県佐久市)で「青天を衝《つ》け」が詠み込まれた『内山峡詩』を詠んでいる。さらに武州の藍農家が、阿波《あわ》(現徳島県)の藍に負けない良質の藍を作るため、相撲番付の形式の藍番付を作り、木版印刷をして配布して競わせた。若き栄一の商売の才覚がうかがわれる。時代は幕藩体制下であり、領主である岡部藩役人による領民への苛政《かせい》に直面し、官尊民卑の疑問が栄一の人生に影響を与えた。栄一は、この商いを通じて経営や経済を学び、将来の素地を培うことになる。父元助は教養や経営の才があり、栄一も四書五経《ししょごきょう》を教えられ、のち義兄となる尾高《おだか》惇忠《じゅんちゅう》は、漢学の素養に長《た》け、栄一は師事して『論語《ろんご》』などを学んでいる。後年、惇忠は、栄一が関わった富岡製糸場の初代場長や第一国立銀行仙台支店支配人を務めている。

栄一は、一時尊王攘夷《そんのうじょうい》運動に走るが、知己を得ていた一橋《ひとつばし》家用人の平岡円四郎《ひらおかえんしろう》の勧めにより一橋家家臣となり、一橋領の摂津《せっつ》や備中《びっちゅう》の産業振興や農兵募集、財政再建の建言を行うなど頭角を現した。さらに主君の慶喜《よしのぶ》が一五代将軍就任により幕臣身分となったことは、倒幕攘夷をもくろんでいた栄一の転機となった。慶喜の名代でパリ万博に赴く弟の徳川昭武《あきたけ》に随行し、渡欧して見聞を広めたことが、栄一の後半生の人生を決定づけた。

一八六九年(明治二)十一月、栄一は民部省租税正《みんぶしょうそぜいのかみ》に任じられる。新政府では、改正掛も兼務して貨幣制度、税制改革、度量衡改正、銀行制度、郵便制度、鉄道敷設、太陰暦から太陽暦への改暦など、わずか三年半の間に多くの新制度を導入し、大蔵省《おおくらしょう》大蔵少輔《しょうゆう》取扱となって予算編成を担当したが、大蔵卿の大久保利通《おおくぼとしみち》と意見が合わずに下野《げや》した。

民間人となった栄一は、第一国立銀行の経営を皮切りに、紙幣や新聞などの洋紙製造をする抄紙会社、地元深谷でも日本煉瓦《れんが》製造会社を立ち上げた。このほか、栄一は紡績・倉庫・鉄道・海運・造船・鉄鋼・セメント・ビール・保険・ホテル・劇場など数多くの会社を創設、育成し、関係した企業は五〇〇社を超え、近代日本の発展に大きな功績を残した。

このような実業家としての栄一の顔がよく知られているが、その一方で早くから養育院など社会福祉事業にも関わっている。古希を前にした一九〇九年、多くの企業の役員を辞任したことで、本格的に社会事業に関与し、福祉・医療・教育、とくに女子教育、奨学など幅広い社会事業に携わった。社会的弱者を救済する思想は、「みんなが幸せに、みんなが笑顔になるのが一番」という母ゑいの影響が大きく、血洗島の風土が育んだといえるだろう。

世界レベルでは民間交流や国際協調などの活動は、実業家時代からまなざしを向けていた。なかでも一九二七年(昭和二)の排日移民法による日米関係悪化を懸念して、シドニー・ルイス・ギューリックとともに日米人形交流事業を行った功績は大きい。アメリカから友情人形、いわゆる青い目の人形が、日本からは答礼人形が贈られ、埼玉県代表の「秩父《ちちぶ》嶺《ね》玉子《たまこ》」(25ページ参照)は、栄一自ら命名している。こうした平和外交活動により、ノーベル平和賞候補に二回推薦されるなど、平和を希求する民間外交官でもあった。

栄一のまなざしは、公益を最優先に考えて、自ら生み育てたものを後世に伝え託すことを目指していた。しかも、たんに守るだけでは実業家として「公」の発展にはつながらないと考えていた。現代にたとえるならばＳＤＧｓ(持続可能な開発目標)を実践することが、栄一の説く道徳経済合一説、すなわち栄一の代名詞『論語と算盤《そろばん》』の精神であると考えていた。

日本煉瓦製造株式会社

日本の近代化政策の一つとして、西洋風煉瓦建築による官庁集中計画がもくろまれたが、煉瓦はそれまで海外の輸入に頼っており、国内生産が課題であった。

一八八七年(明治二十)十月、渋沢栄一らが中心となって、瓦生産が盛んで原料となる粘土が採取でき、利根川の舟運により東京への輸送が見込まれる、栄一の故郷に近い上敷免《じょうしきめん》村(現深谷市上敷免)に工場建設を計画した。東京府庁に会社の設立願書を提出、続いて煉瓦製造所設立願を埼玉県知事に提出し許可を得た。こうして日本煉瓦製造会社は一八八八年に操業を開始した。この工場で製造される煉瓦は、公用で使用されるものとして、のちに政府関連の建築資材として使用される。栄一は、用地買収、原土提供、輸送運搬などに関しても準備段階から関与し、初代会長となった。

工場は、今日東京駅丸の内駅舎や日本銀行本店の設計者として著名な辰野金吾《たつのきんご》により設計され、清

ホフマン輪窯。ドイツ人ホフマンが考案した煉瓦の連続焼成ができる輪窯。1907年(明治40)建造で、1968年(昭和43)まで操業。内部を18の部屋に分け、半月かけて窯を一周して焼成した。月産65万個の製造が可能で、東京駅の赤レンガも造られた。現在は保存修理のため通常見学を休止中(深谷市。深谷市提供) 重文

水組により建設された。ドイツ人技師ホフマン考案の「ホフマン輪窯《わがま》」により操業を開始した。優良な粘土と技術により、上敷免製煉瓦は各地の建築材として使用され、煉瓦には「上敷免製」の刻印が打たれてブランドとなった。今日、東京駅丸の内駅舎、旧信越本線碓氷《うすい》第三橋梁《きょうりょう》などで上敷免製煉瓦を見ることができる。

こうした上敷免製煉瓦の需要増大は、最盛期には六基の窯で生産され、輸送は舟運ではとうてい対応できず、工場から日本鉄道深谷駅まで煉瓦輸送専用鉄道を敷設した。専用鉄道により東京への一貫輸送と全国各地への供給を容易にし、経営も拡大していった。二〇〇六年(平成十八)に会社は廃業したが、当時の事務所、ホフマン輪窯六号窯、旧変電室、備前渠《びぜんきょ》鉄橋は、重要文化財として保存され、往時の面影を垣間見ることができる。

日本最初の私設鉄道――日本鉄道会社

一八七二年(明治五)、日本最初の鉄道が開業した。それから一一年後の一八八三年七月二十六日、日本最初の私設鉄道日本鉄道会社第一区線の上野―熊谷間六一・二キロで試運転が行われ、同二十八日

には仮営業が開始された。上野・王子・浦和・上尾・鴻巣・熊谷の六駅が開設され、一日二往復、所要時間は二時間二四分。それまでの移動手段は徒歩のみであり、江戸から一泊二日の距離であったことから、当時の人々はその速さに驚愕したことであろう。ちなみに約一四〇年後の二〇二二年(令和四)時点では、一時間一〇分、新幹線ではわずか三一分であることを考えれば、まさに隔世の感がある。

鉄道開業以降、政府は鉄道事業の興隆こそが富国強兵・殖産興業の国策に沿うものとして、官設鉄道敷設計画を持っていたが、高額な経費を要することから資金難により停滞していた。日本鉄道会社設立までは、華族や民間による鉄道建設計画も起こったが、いずれも資金難で頓挫していた。

一八八一年一月、歴史の動輪が動きだす。岩倉具視《いわくらともみ》ら華族が中心となって計画が進められ、五月二十一日、日本鉄道会社の創立願書を東京府知事に提出、八月十一日仮免許状が交付された。願書の計画では、東京—青森間、東京—高崎間、その後大津までを申請していたが、仮免許状では高崎が前橋に延伸変更されている。会社の定款が、十月四日東京府知事に提出され、十一月十一日工部卿から特許条約書が下付され、ここに日本最初の私設鉄道「日本鉄道会社」が誕生した。

翌年六月一日着工、九月一日に川口で起工式が開催され、試運転では機関車に土運搬車両一二両で、川口—大谷場《おおやば》間九・七キロを走ったという。この起工式から建設工事に使用された機関車が、現在さいたま市の鉄道博物館で保存されている「善光号《ぜんこうごう》」である。

一八八三年七月二十八日、上野—熊谷間仮営業。翌年五月一日上野—高崎間の営業が開始。これにより上毛《じょうもう》から北武蔵と秩父地域で生産される生糸・絹織物を輸出するための横浜への輸送が拡大され

二一〇九号蒸気機関車。日本鉄道会社が1891年（明治24）に英国ダブス社から輸入し、客貨物両用で使用され、1970年（昭和45）廃車。現在、日本工業大学工業技術博物館（宮代町）で動態保存されている（日本工業大学工業技術博物館提供）

た。さらに日本鉄道会社の当初の目的である青森までの延伸が進められた。第一区線途中の分岐点の綱引きがあったが、大宮分岐となった。これまで大宮駅開設にあたっては、巷間《こうかん》、当初駅がなかったため地元陳情により駅が開設されたとされるが、近年の研究により当初からの大宮駅開設の計画が明らかになっている。

一八八五年三月十六日大宮駅開設、七月十六日大宮—宇都宮間開業、青森まで延伸するのは一八九一年九月一日のことで、七三二キロを一日一往復、下り二六時間二五分、上り二六時間四〇分で運転された。株式会社となって鉄路を延ばし、現在のＪＲ東日本とほぼ同等の範囲であったが、一九〇六年十一月一日、鉄道国有化法により日本最初で最大の私設鉄道日本鉄道株式会社は、他の私設鉄道とともに国有化され姿を消した。

関東大震災と盆栽村

最後に、いまや世界規模の日本ブランドとなったＢＯＮＳＡＩ（盆栽）を取りあげたい。この盆栽の原点は、大宮盆栽村である。この盆栽村の歩みが、今日の世界のＢＯＮＳＡＩを生み出した。

発端は、一九二三年(大正十二)九月一日に発災した関東大震災である。大震災で被害を受けた東京市本郷区を中心に団子坂や神明町、巣鴨などの植木職人や盆栽師たちが、盆栽に適した土地と新鮮な水を求めて、北足立郡大砂土《おおさと》村土呂《とろ》(現さいたま市北区)に避難して移住したのが始まりという。翌年四月、清水《しみず》利《り》太郎《たろう》により清大園ができ、続いて薫風園、蔓青園《まんせいえん》と次々に開園していき、盆栽村となった。

清水利太郎が中心となって、盆栽業者たちは付近の源太郎山という山林を開墾して、その土地を区画整理して街路樹を植栽して幅広い街路を整備した。広い道路幅は、東京で被災した経験から取られたものであった。一九二八年(昭和三)には、二〇人からなる盆栽組合ができている。翌年には、総武鉄道(現東武アーバンパークライン)が開通して大宮公園駅が開業したことで、好立地となった。

この盆栽村には、規約が定められていた。①盆栽を一〇鉢以上持つこと。②門戸を開放すること。③二階屋は建てないこと。④垣根は生垣にすること。こうした規約が、今日も見ることができる広い道路、生垣や門の合間から見える盆栽の数々などの優れた文化的景観を維持する標《しるし》となった。

一九五七年、盆栽村を含めて周辺は「盆栽町」が大宮市の行政地名となり、最盛期には三〇軒の盆栽園があったが、令和の現在は五軒になった。

現在、盆栽村内には、盆栽四季の家や、盆栽はもとより歴史や美術をとおして盆栽にふれることのできるさいたま市大宮盆栽美術館があり、日本近代漫画の祖といわれる北沢楽天《きたざわらくてん》旧居跡にさいたま市立漫画会館もあり、今でも訪れる人の憩いの場となっている。

（杉山）

埼玉県の史跡・文化財を知る⑨

善《ぜん》光《こう》号《ごう》

日本で最初の鉄道敷設工事で活躍

↓P177

日本初の私設鉄道会社「日本鉄道会社」で、最初に使用された機関車。英国のマニング・ワードル社で製造された。上野─熊谷間の工事に使用するため船で荒川を上り、川口善光寺河岸で陸揚げされ、組み立てられたため「善光号」と呼ばれた。明治時代の写真には「善光」の文字が書かれている。

当初は工事用として、開業後は列車を牽引し、のち入替用機関車となった。

現在は、さいたま市の鉄道博物館に一号機関車などとともに保存され、かつて建設に従事した現在のJR高崎線を今も見守っている。

鉄道博物館提供

DATA　さいたま市大宮区大成町（鉄道博物館内）

大《おお》宮《みや》盆《ぼん》栽《さい》村《むら》

海外からも多くの人が集まる〝盆栽の中心地〟

↓P177

関東大震災を契機に、東京から盆栽業者が移住したのが始まりで、しだいに盆栽を生業とする者が増加し、盆栽村を形成していった。盆栽村は、当初から道幅を広く取った碁盤の目状に整備され、道の両側にはもみじ、かえで、けやきなどが植栽され、通り名ともなっている。一九五七年(昭和三十二)には「盆栽町」の行政地名となり、三十数軒の業者がいたが、現在は五軒となっている。毎年五月三日から五日は「大盆栽まつり」が開催され、国内外から多くの盆栽愛好家で賑わう。また、町内には大宮盆栽美術館やさいたま市立漫画会館もある。

さいたま観光国際協会提供

DATA　さいたま市北区盆栽町

渋《しぶ》沢《さわ》栄《えい》一《いち》記《き》念《ねん》館《かん》

↓P180

資料室では、渋沢栄一ゆかりの資料や写真を展示している。講義室では、栄一のアンドロイドによる講義を見学できるなど、身近に栄一の生涯を知ることができる。

DATA 深谷市下手計

日《に》本《ほん》煉《れん》瓦《が》製《せい》造《ぞう》株《かぶ》式《しき》会《がい》社《しゃ》旧《きゅう》事《じ》務《む》所《しょ》

↓P180

旧煉瓦製造施設の内、煉瓦工場建設や煉瓦製造指導をしたドイツ人技師チーゼの居宅兼事務所として、一八八八年(明治二十一)に建設。チーゼ帰国後は事務所、現在は煉瓦史料館として公開。

DATA 重文 深谷市上敷免

尾《お》高《だか》惇《じゅん》忠《ちゅう》の生《せい》家《か》

↓P180

渋沢栄一の従兄で、学問の師でもあった尾高惇忠の生家。惇忠の曽祖父磯五郎が建てたといわれる商家建築で、二階には惇忠や栄一らが高崎城乗っ取り計画を謀議したと伝わる部屋がある。

DATA 市指定 深谷市下手計

諏《す》訪《わ》神《じん》社《じゃ》

↓P180

血洗島《ちあらいじま》村の鎮守。同社の獅子舞《ししまい》は、渋沢栄一が幼少時から舞い、帰郷時には見ることを楽しみにしていた。一九一六年(大正五)、栄一は喜寿を記念して拝殿を寄進。

DATA 深谷市血洗島

備《び》前《ぜん》渠《きょ》鉄《てっ》橋《きょう》

↓P180

煉瓦の大量輸送をするため、日本煉瓦製造会社によって一八九五年(明治二十八)に深谷駅から工場まで約四キロ間に日本初の専用鉄道が敷設され、川に架けられた煉瓦造りの鉄橋。

DATA 重文 深谷市上敷免・原郷

さいたま市《し》立《りつ》漫《まん》画《が》会《かい》館《かん》

↓P177

明治から昭和にかけて世相を風刺した漫画を描き、「漫画」という用語の普及に影響を与えた北沢楽天《きたざわらくてん》の邸宅跡に建つ日本初の漫画に関する美術館。北沢楽天や現代漫画家の作品を展示している。

DATA さいたま市北区盆栽町

10章 近代日本の戦争と埼玉——軍靴のひびき

一八七一年(明治四)に埼玉県が誕生して約一五〇年。その半分にあたる一九四五年(昭和二十)、日本は敗戦によってそれまで築き上げてきたものをいったんすべて失うことになる。それはまた、明治維新以来この国が突き進んできた道の、当然の帰結でもあった。

近代国家と戦争——日清・日露戦争

徴兵制によって誕生した近代日本の軍隊は、当初の内乱鎮圧を主とした性格から、徴兵令の改正を重ねることによって外国との戦争を意識した近代軍隊へと変貌していく。

日本にとって初の本格的な対外戦争となったのが、一八九四年(明治二十七)八月に始まった日清《にっしん》戦争であった。朝鮮への進出の機会をうかがっていた日本は、朝鮮を属国と考えていた清国との対立を深め、朝鮮半島の内乱を契機に全面戦争へと突入する。そして一八九五年三月、日清戦争は日清講和条約の締結で終結し、勝利した日本は台湾などを領有することになる。

日清戦争以降、列強の清国進出が顕著となった。とくに南下政策を進めるロシアと日本は、満州・韓国の権益をめぐって対立が深刻化し、日清戦争の開戦から一〇年後の一九〇四年二月、日露《にちろ》戦争が勃発した。この戦争は日本にとって初めての国家的総力戦であり、国家予算の約五倍にあたる二〇億円もの戦費は公債と増税によって賄われた。戦死者は日清戦争の一〇倍の約八万四〇〇〇人に及び、満身創痍の末、一九〇五年に日露講和条約が締結され、日本は辛くも勝利する。

両戦争によって日本は大陸進出への足掛かりを築いた。明治維新以来の悲願であった不平等条約の改正も達成し、列強の一角に名を連ねた日本は、軍備拡張や産業の重工業化を進めていく。

埼玉県からの日清戦争への出征者は約四〇〇〇人で、戦病死者は二五九人であった。日露戦争では二万二〇〇〇人以上が動員され、戦病死者は二〇〇〇人を超えた。

与野公園内に建つ日清・日露戦役記念碑（さいたま市中央区。筆者提供）

両戦争に関わる奉納絵馬や従軍記念碑、慰霊碑などが県内各地の寺社などに残されている。とくに日露戦争のものは数多く、身近な人々が遠い異国で戦ったことがわかる。

両戦争を経て、戦争は軍人だけでなく国民すべてが参加すべきものだという意識が植えつけられ、地域全体での戦争への協力体制が整備されていく。日本人としての愛国心の高まりは、自国への過剰な優越感やほかのアジア諸国への蔑視につながる恐れもあった。また、多大な犠牲を払って得た権益を守らねばならないという意識は、以降の日本の対外政策に大きな影響を与えることになる。

震災・恐慌……そして戦争へ

日露戦争勃発から一〇年後の一九一四年(大正三)、第一次世界大戦が起こった。日英同盟を結んでいた日本は連合国の一員として参戦するが、大戦によって中国大陸におけるドイツ権益を継承するなどの大きな利益を得たほか、過酷な消耗戦に疲弊したヨーロッパ諸国に代わって世界市場への進出を果たしたため、欧米列強は日本への警戒感を抱くようになる。

一九一七年、ロシアで社会主義革命が起こり、ソビエト政権が成立する。これに脅威を抱いた米・英などの諸国が革命干渉のためにシベリアへ出兵し、日本も満洲(現中国東北部)・内モンゴルの権益確保のために派兵したが、多くの成果なく国内外からの批判も受けて撤兵した。

第一次世界大戦によって国内は空前の好景気となった。埼玉県では織物や鋳物などの輸出が急増し、商工業や農業も活況を呈した。一方で、米価をはじめ物価は高騰し、庶民の生活を著しく圧迫するようになる。そのようななか、一九一八年七月、富山に端を発した米騒動が全国に広がり、埼玉県下にも波及したが、米穀商や行政側の積極的な救済策により比較的速やかに終息した。

一九二三年九月一日、相模《さがみ》湾を震源としたマグニチュード七・九と推定される巨大地震が関東一円を襲った。東京・神奈川を中心に犠牲者は一〇万人を超え、埼玉県でも震度六を記録したが、県下の被害は県東部の元荒川、古利根川流域である北足立郡、南埼玉郡、北葛飾郡の軟弱地盤の地域に集中し、とくに川口町(現川口市)・粕壁《かすかべ》町(現春日部市)・幸手《さって》町(現幸手市)などで被害が大きかった。県内での建物の全壊・半壊は約一万四〇〇〇戸に及び、死者二一七人、重傷者は五一七人に達した。産業では川口の鋳物業、県南部の織物業などで大きな損害を受けたほか、荒川橋梁《きょうりょう》などの橋梁損壊や、堤防の決壊・破壊も一〇〇カ所以上に及んだ。

県や各市町村、各種団体などは救護所を設けて、県内の被災者をはじめ東京からの避難者の救済にあたった。そうしたなか、朝鮮人が暴動を起こすという根拠のない噂《うわさ》が流れ、関東各地で朝鮮人や中国人への襲撃が相次ぎ、多くの犠牲者を出した。埼玉県内でも虐殺事件が起きている。

関東大震災絵葉書「上野駅」(埼玉県平和資料館所蔵)

第一次世界大戦はまた、西欧諸国から民主・自由主義思想をもたらし、大正デモクラシーと呼ばれる民主主義的改革を求める運動に影響を与えた。普通選挙法が成立し、労働運動や社会運動も高揚したほか、新教育運動など文化面でも自由主義的な風潮が広がった。

しかし、大戦後の反動恐慌と震災後の混乱などによって経済界が不況となり、金融恐慌が起こる。全国で銀行の取り付け騒ぎが発生し、県内でも多くの銀行が休業に追い込まれた。さらに、一九二九年(昭和四)十月のニューヨークの株価暴落に始まる世界恐慌によって、日本も未曾有の大恐慌に見舞われた。埼玉県下でも中小企業の倒産・休業が相次ぎ、農産物の価格暴落により農村経済は破壊され、人々の生活は困窮を極めた。これ以降、不況は慢性化して社会不安も広がっていった。

戦時下の埼玉

日本は一九三一年（昭和六）の満洲事変を契機に満洲地域への侵攻を深め、翌年には満洲国を成立させて実質的な植民地とした。満洲への農業移民が国策として推進され、埼玉県でも全県下を対象に移民の募集が行われ、「埼玉村」として入植させた。また、秩父郡中川村（現秩父市）、日野沢《ひのざわ》村（現皆野町）では村ぐるみの分村移民が行われたほか、児玉郡や寄居町の近郷の村々からも移民団が入植した。

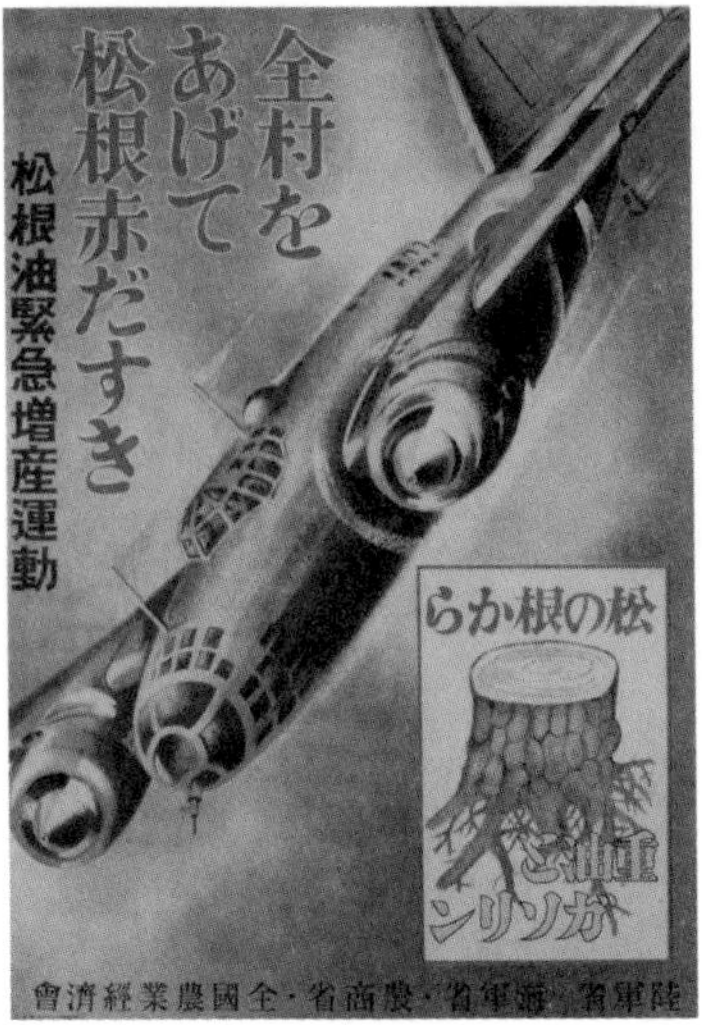

航空機燃料とするため松根油生産を促すポスター（埼玉県平和資料館所蔵）

しかし移民数は計画に達せず、政府は満蒙《まんもう》開拓青少年義勇軍を創設、埼玉県からも一三〇〇人以上の少年たちが送り込まれた。

一九三七年七月、日中戦争が勃発して日本は本格的な戦時体制に突入する。同年九月、政府は国民精神総動員運動を開始した。知事を委員長として市町村ごとに在郷軍人会・青年団・婦人会などの団体が総動員され、町内会や隣組なども補助組織とされた。

さらに翌年の国家総動員法によって、政府

は国民生活のすべてを統制・運用できるようになり、国民徴用令・価格統制令などが制定された。そして一九四〇年十月には大政翼賛会が発足、既成政党は解散し、あらゆる団体が傘下に組み込まれた。軍需を優先するため、生活必需品や食料品は配給制となった。農村には食糧供出が割り当てられ、金属回収や戦時債権の購入割り当てなども町内会や隣組を通じて徹底された。

一九四一年十二月、太平洋戦争の開戦とともに、戦時体制はいっそう強化される。工場は軍需工場へ転用され、学生・生徒も授業が停止され、勤労動員として工場で働いた。首都に隣接している埼玉県には多くの軍需工場や軍用施設があったが、空襲の激化とともにさらに工場や施設が疎開してきたため、多くの人々が工場建設や工場労働者として動員された。

戦況は悪化の一途をたどり、出征兵士の戦死が相次いだ。一九四四年になると、東京ほか全国で都市空襲が始まり、空襲の激化とともに県下には疎開者や罹災者《りさい》が流入したため、食糧や物資不足に拍車をかけた。

空襲により周辺で多くの人が亡くなった熊谷市街を流れる星川と、戦災慰霊の女神像（熊谷市。筆者提供）

埼玉県内でも東京の隣接地や軍需工場などを中心に空襲を受けたが、県下最大の空襲被害は一九四五年八月十四日深夜から十五日未明にかけての熊谷空襲だった。

B29爆撃機の編隊は、七六分間に大型爆弾六発と八〇〇〇発以上に及ぶ焼夷弾を投下した。この空襲によって熊谷市は市街地総面積の七四パーセントが罹災し、全戸数の四〇パーセントが焼失、死者は二六六人と記録されている。

埼玉の戦争遺跡

日本における戦争遺跡とは、明治時代以降の戦争や軍隊に関わる施設や遺構、戦跡などを総称するものである。日本では、一九九五年(平成七)に国の史跡指定基準が第二次世界大戦終結頃までとなったことを契機に、戦争遺跡保存の機運が高まった。しかし、イデオロギー問題などが障壁となっており、各地域でも原爆ドームなど一部の例外を除き、保存・公開に向けての整備や文化財指定がほとんど進んでいない。

近年ではダークツーリズム(人類の悲しみの地を対象にした観光)という言葉が人口に膾炙《かいしゃ》するようになったが、こと戦争遺跡に関してはその評価や定義づけが定まっておらず、地域の人々にとっては〝負の遺跡〟と捉えられていることも少なくない。

埼玉県には、戦争末期まで衛戍《えいじゅ》地(陸軍の駐屯地)はなく、軍都としての大規模な遺構はないが、東京に隣接する交通至便地であったことから軍関連施設は多かった。なかでも、一九一一年(明治四十四)に日本初の陸軍飛行場として開設された所沢陸軍飛行場、一九三五年(昭和十)開設の熊谷陸軍飛行学校など、陸軍の飛行場や学校は数多かったが、戦争遺跡という観点からみると、現在当時を物語るものとしては、熊谷陸軍飛行学校桶川分教場が桶川飛行学校平和祈念館として建物の一部が復元・公開されているほか、所沢陸軍飛行場跡が所沢航空記念公園として整備されているにとどまる。

軍需工場では、一九三七年に兵器を生産する陸軍造兵廠《ぞうへいしょう》川越製造所（ふじみ野市）が開設され、その後大宮、深谷などにも製造所・工場が続々と開設されたほか、既存の工場も軍需工場へと転用された。これらの工場のほとんどは現存しないが、戦争末期に吉見《よしみ》百穴《ひゃくあな》に造られた中島飛行機の大規模な地下工場は現在もその姿を残している（通常は工場遺構内には立ち入れない）。このほか、深谷の旧東京第二陸軍造兵廠深谷製造所給水塔が国の登録有形文化財として残されている。

吉見百穴の内部に造られた中島飛行機地下軍需工場の跡。立ち入りはできない（吉見町教育委員会提供）

終戦後、軍需工場や軍関連施設の多くは米軍に接収され、返還後も開発などによって姿を消した。地域の伝承としては、旧軍需工場の地下壕や航空機の掩体壕《えんたいごう》などをはじめ、多くの戦争遺跡の存在が判明しているが、多くは私有地であることや、文化財指定がないことなどから、老朽化とともに消滅しているのが現状である。

戦争遺跡は、過去の歴史と向き合いそれを継承していくことで、戦争の実像を考える場となりうる。人々の記憶から消え去る前に、保存整備の体制を整えることが急務である。

（井上）

埼玉県平和資料館《さいたまけんへいわしりょうかん》

↓P179

戦争の悲惨さと平和の尊さを伝えつづける

海抜一四七・五メートルの展望塔が聳《そび》える埼玉県平和資料館は、一九九三年(平成五)に比企《ひき》丘陵の物見山公園に開館した。当時は都市化が急激に進行した頃で、戦争の時代の記憶を風化させず、若い世代に伝えていくことで、未来の平和を築いていくことを目的に計画された施設であり、収蔵資料のほとんどは県民から寄贈されたものである。展示室では国民学校や戦時中の家屋などが実物大に復元され、学校の授業や空襲、防空壕《ぼうくうごう》への避難が映像や音声で体感できるほか、資料検索システムや映像の視聴・図書室なども充実している。

埼玉県平和資料館提供

DATA
東松山市岩殿

桶川飛行学校平和祈念館《おけがわひこうがっこうへいわきねんかん》

↓P177

少年飛行兵を育てた地から平和を発信する

熊谷陸軍飛行学校桶川分教場の建物を復元・整備し、二〇二〇年(令和二)に開館。桶川分教場は一九三七年(昭和十二)六月の開校から四五年二月の閉鎖まで、約一六〇〇人の少年航空兵を教育し、戦争末期には特別攻撃隊の訓練基地ともなった。戦後は引揚《ひきあげ》者のための寮となっていたが、その後全国的にも貴重な飛行学校の遺構として保存活用が計画され、兵舎棟・守衛棟・便所棟・車庫棟・弾薬庫の五棟が解体・復元された。当時の学校生活の様子を追体験でき、文化財的価値のほか、平和を発信する基地としての今後の活動が期待される。

兵舎棟(桶川飛行学校平和祈念館提供)

DATA
市指定 桶川市川田谷

世界無名戦士之墓《せかいむめいせんしのはか》

↓P179

登録有形文化財となった慰霊の施設

梅の名所として名高い越生《おごせ》町の大観山《たいかんざん》の山頂に、一九五五年(昭和三十)に建設された施設。第二次世界大戦後、埼玉県庁の一室に安置されていた引き取り手不明の二百余柱の遺骨のほか、各戦闘や地域の戦没者の位牌や英霊名簿などが納められた霊廟《れいびょう》である。「無名戦士」とは位階を超越し、一切を無名・平等に祀るという意味をもつ。白く弧を描く壁の内部は三階建の納骨室で、屋上は展望台となっており、関東平野を一望できる。毎年五月には慰霊行事と花火大会が行われており、世界の恒久平和を祈り、願う殿堂として親しまれている。

筆者提供

DATA

登録　越生町越生

旧東京第二陸軍造兵廠深谷製造所給水塔《きゅうとうきょうだいにりくぐんぞうへいしょうふかやせいぞうじょきゅうすいとう》

↓P180

今に残る軍需工場の痕跡

火薬類を製造する専門廠であった東京第二陸軍造兵廠は、戦局の悪化にともない深谷に疎開してきた。市内では現在の深谷第一高校に本部が置かれ、原郷《はらごう》・明戸《あけと》・櫛引《くしびき》に工場がつくられたが、建設作業に従事したのは深谷商業高校・深谷高等女学校などの動員学生や徴用工であり、一九四四年(昭和十九)に開業した。工場施設のほとんどは戦後取り壊されたが、その特異な外観が際立つ鉄筋コンクリート五層構造の塔は、軍需工場の痕跡を今に伝えている。周辺に給水するための施設で、一時期は松根油を採取する装置が設けられていたともいわれる。

埼玉県平和資料館提供

DATA

登録　深谷市原郷

11章 産業と観光——地域活性化の核として

文化財は人々の歴史の有形・無形の所産である。近年、文化財を保護するだけでなく、観光資源として地域を活性化させ、文化や産業の振興に還元させようという試みがさまざまな形でなされている。

絹とともに生きるまち——秩父

埼玉県の四分の一を占める山国・秩父《ちちぶ》は、秩父盆地の中央に位置する「大宮」を核として歴史を刻んできた。そして秩父の歴史は、絹とともにあった。

「秩父夜祭」の名で知られる秩父神社の例大祭は、有形・無形ともに国の重要民俗文化財に指定されている。二〇一六年(平成二十八)に全国三三件の「山・鉾《ほこ》・屋台行事」が一括してユネスコ無形文化遺産に登録されたが、埼玉県からは「秩父祭の屋台行事と神楽」、「川越氷川《ひかわ》祭の山車《だし》行事」の二件が登録された。

江戸時代には夜祭の際に絹市が立ち、その年最大の取引が行われた。絢爛《けんらん》豪華な笠鉾《かさほこ》や屋台は、絹取引で得た秩父町衆(商人)の利益の象徴でもあった。

秩父夜祭の屋台と祭りのクライマックスで打ち上げられる花火（秩父市。秩父観光協会提供）

秩父の絹織物としてよく知られているものに銘仙《めいせん》がある。安価な日常着として親しまれた銘仙は、大正から昭和初期にかけて人気を呼んだ。秩父のほか、伊勢《いせ》

ちちぶ銘仙館。もともとは旧埼玉県繊維工業試験場であった（秩父市）登録

崎《さき》・足利《あしかが》・桐生《きりゅう》・八王子などにも広がり、各地域の染色技術の開発や図案の多様化などによって多種多様な銘仙が生産され、全国の市場を席捲《せっけん》した。和装需要が激減した現在も秩父銘仙の生産は続いており、二〇一三年には国の伝統的工芸品に指定されている。

また、旧埼玉県繊維工業試験場の建物(国登録有形文化財)は「ちちぶ銘仙館」として秩父銘仙の継承・普及の拠点となっており、手織りや染めの体験のほか、三年間で秩父銘仙の技術を習得する後継者育成講座も開かれている。さらに、二〇一六年からは市の商工課による「秩父夜祭絹市プロジェクト」が始まり、復活した絹市では銘仙のほか絹関連商品や秩父の伝統工芸品の販売なども行われている。「絹のまち」の歴史はいまもなお新たに紡がれつづけている。

和紙づくりの里——小川町・東秩父村

埼玉県西部地域では農家の副業として古くから紙漉《す》きが行われてきた。なかでも小川周辺で漉かれた和紙は「小川和紙」と称され、埼玉県の代表的な地場産業に発展した。小川和紙はおもに商店の大福帳や障子紙など暮らしのなかで使われる紙であり、明治時代以降は組合が設立されて品質も向上した。ほかの生産地では昭和三十年代までに紙漉きが行われなくなったが、小川町・東秩父村では現在も生産が続けられている。なお、東秩父村が所蔵する和紙製造用具と製品は、一九七五年(昭和五十)に国重要有形民俗文化財に指定されている。

小川和紙のなかでも、原料に楮《こうぞ》のみを用い、伝統的な製法と用具で漉かれた和紙を「細川紙」として、その技術が一九七八年に国重要無形文化財(工芸技術)に指定された。そして二〇一四年(平成二十六)、「細川紙」は島根県石見《いわみ》地方の「石州《せきしゅう》半紙」、岐阜県美濃市の「本美濃紙」とともにユネスコの無形文化遺産「和紙　日本の手漉《てすき》和紙技術」に登録され、世間の耳目を集めた。

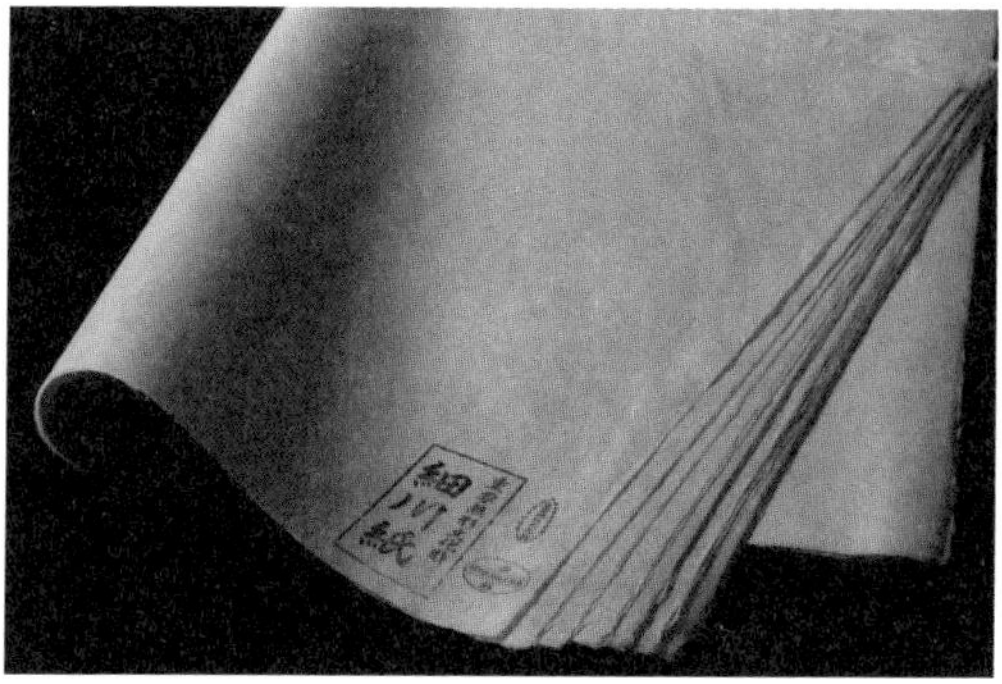

ユネスコ世界文化遺産に登録された細川紙(小川町提供)

和紙の里。建物は和紙製造所(東秩父村)

当地域ではこれまで三〇年以上にわたって和紙を核とした地域の活性化の試みが続けられてきた。小川町では「埼玉伝統工芸会館」、東秩父村では「和紙の里」を中心に、和紙製造用具の展示や紙漉き体験、和紙製品の販売などが行われていたが、近年では施設の老朽化や集客の低下が懸案となっていた。

東秩父村は昭和六十年度から和紙の里整備事業に取り組んでおり、ここを拠点に紙漉き家屋の復元、国重要有形民俗文化財である手漉和紙の製作用具の展示や、紙漉き体験などを行ってきたが、二〇一六年、ユネスコ無形文化遺産登録を契機に「道の駅　和紙の里ひがしちちぶ」として大規模にリニューアルされた。

和紙の関連施設や物産販売所はもとより、食事処や宿泊施設、茶室、そば打ち体験工房なども整備し、さらに住民の足となるバスターミナルも併設した施設として生まれ変わった和紙の里は、観光客誘致だけではなく、村民サービスも視野に入れていることでも注目されている。小川町でも埼玉伝統工芸会館などの再整備計画が進められている。また、職人の減少や高齢化が指摘されて久しい紙漉き技術についてもそれぞれ長期的な支援と育成の取り組みが続けられている。

日本遺産・足袋蔵の城下町——行田

日本遺産は、文化庁が二〇一五年(平成二十七)に創設した新しい制度である。従来の文化財指定のように保存を前提とした「点」の指定とは異なり、地域に点在する有形・無形の文化財を「面」としてパッケージ化し、その地域の文化・伝統を語るストーリーとして認定するもので、まずはその構成力、そして登録後は持続的な活用と世界への発信力も問われている。

二〇一七年四月、行田市の「和装文化の足元を支え続ける足袋蔵のまち行田」が県内初の日本遺産に認定された。「行田の足袋産業」を根底に置いたその構成資産は、足袋の保管庫である足袋蔵を中心に、足袋製造用具と製品、足袋の歴史に関連する文書や絵図・建造物、食文化なども含めて、二〇二二年(令和四)四月の段階で四六件(史跡四、古文書五、建造物三〇、有形民俗文化財二、無形民俗文化財五)に及んでいる。

　和装文化の衰退にともない行田の足袋生産も激減し、町全体の活力も徐々に失われつつあった。これに対し、昭和五十年代頃から足袋蔵や足袋工場の再活用が模索されるようになり、NPOの活動も始まる。日本遺産認定までの道のりには、多くの地元関係者の熱意と郷土愛、そして長期間にわたる地道な努力があった。

足袋づくりの実演見学や体験ができる足袋とくらしの博物館(行田市。行田おもてなし観光局提供)

　現在、行田市の観光サイトには観光のモデルコースや店舗紹介などが充実しており、足袋づくり体験なども盛んに行われている。この盛り上がりを一過性のものとせず、さらに発展・継承させていくためには、まちづくりの担い手としての後継者育成も不可欠になるだろう。

　以上、地域の産業が観光の起爆剤となった事例を紹介してきたが、県内には鷲宮《わしのみや》神社(『らき☆すた』)、秩父橋(『あの花』)など、近年「アニメの聖地」として新たな観光スポットとなった史跡・文化財が多く存在する。これらも文化財活用や地域の歴史を発信するものとして大きな可能性を秘めている。

(井上)

秩父神社《ちちぶじんじゃ》

↓P182

秩父市の中心、柞（ははそ）の森に鎮座する古社

例大祭「秩父夜祭」や夏祭り「川瀬祭」で知られる秩父地方の総鎮守秩父神社は、創建が二〇〇〇年前に遡るともいわれる延喜式内社《えんぎしきないしゃ》である。江戸時代前期に建てられた現在の社殿は、三間社流造《さんげんしゃながれづくり》の本殿と拝殿を幣殿《へいでん》でつないだ複合社殿で、日光東照宮にも用いられた「権現造」と呼ばれる形式である。社殿に極彩色の彫刻が施されているが、なかでも左甚五郎《ひだりじんごろう》作と伝えられる「つなぎの龍」や北《ほく》辰《しん》の梟《ふくろう》、子育ての虎など見どころが多い。社宝である神輿《しんよ》、天《てん》正《しょう》二十年（一五九二年）の棟札とともに県の有形文化財に指定されている。

秩父神社提供

DATA
秩父市番場町

鷲宮神社《わしのみやじんじゃ》

↓P176

伝統とアニメ『らき☆すた』の聖地の融合

鷲宮神社は「太田荘の総鎮守」「お酉《とり》様の本社」として知られ、鎌倉幕府や江戸時代の各将軍からも庇護を受けてきた歴史ある神社である。近年、アニメや漫画の舞台となった場所を訪れることを「聖地巡礼」というが、鷲宮神社は埼玉県を代表する「聖地」の一つである。美水《よしみず》かがみ作『らき☆すた』は泉こなた、柊《ひいらぎ》かがみ・つかさ、高《たか》良《ら》みゆきの四人の女子高校生の日常を描いた漫画で、アニメ化もされた。神社は柊姉妹の父が宮司を務める「鷹宮神社」のモデルとされ、アニメ放映の五年後にはそれまで七万人程度だった初詣客が四七万人にのぼった。

久喜市教育委員会提供

DATA
久喜市鷲宮

埼《さい》玉《たま》伝《でん》統《とう》工《こう》芸《げい》会《かい》館《かん》

➡P179

小川和紙の普及と観光施設を兼ね備えた先駆的施設

一九八九年(平成元)に開館。埼玉県の伝統的手工芸品三〇品目の紹介とともに和紙の普及に取り組んできた。和紙の製作工程の展示、和紙工房の見学や紙漉《す》き体験、和紙製品の販売のほか、道の駅としての機能ももつ広い敷地を活かして食事処や農産物などの販売も行っており、県内外から多くの団体や観光客を受け入れてきた。ユネスコ無形文化遺産への登録によって和紙への関心がこれまでになく高まっていることから、現在、町では伝統工芸会館を核に周辺施設も含めた再整備計画など、和紙を有効活用した町の活性化に取り組もうとしている。

外観

DATA
小川町小川（リニューアル工事のため二〇二三年三月に休館）

足《た》袋《び》蔵《ぐら》まちづくりミュージアム

➡P177

足袋蔵を活かした行田の観光案内の拠点

日本遺産の構成資産の一つで、一九〇六年(明治三十九)に建設された旧栗原代八《くりはらだいはち》商店の足袋蔵「栗代蔵」を改装して造られたものである。足袋を活かしたまちづくりを推進してきたNPO法人ぎょうだ足袋蔵ネットワークの拠点でもあり、観光案内所兼まちづくり情報センターとして活用され、足袋と日本遺産について学ぶことができる。

近隣には足袋・被服工場を改装してつくられた「足袋とくらしの博物館」と「牧禎舎《まきていしゃ》」があり、博物館では展示や足袋づくりの実演や体験が行われ、牧禎舎では藍《あい》染めが体験できる。

NPO法人ぎょうだ足袋蔵ネットワーク提供

DATA
行田市行田

12章

埼玉県と災害

地震、土石流、火山噴火、台風、集中豪雨、河川氾濫、そして気候不順にともなう農作物の凶作と飢饉など、埼玉県域も他の地域と同様、数多くの自然災害に見舞われてきた。そして今後も私たちを襲うに違いなく、それゆえ過去の自然災害から多くのことを謙虚に学び、減災に備える必要があろう。

平安時代の地震災害〝弘仁の大地震〟

考古学や地質学の成果は、人間生活が始まった原始時代以降はもとより、埼玉県域のあらゆる時期に生じた災害の実際の様子を客観的に明らかにしてくれるが、それだけでは、人々が災害とどのように向き合ってきたのかを知るには不十分である。やはり、文字で書かれた記録との総合的な検討が不可欠である。

埼玉を舞台に、こうした考古学・地質学と文献史学の双方から災害の歴史を研究することが可能になるのは、平安時代、八一八年(弘仁《こうにん》九)の七月に生じた大地震とこれにともなう二次災害の事例が嚆《こう》矢《し》となる。いわゆる〝弘仁の大地震〟である。以下、まずは文献史料からこの大地震の様子を垣間見てみよう。

平安時代の地震にともなう地割れに見舞われた竪穴住居跡(柳町遺跡第85号住居跡。深谷市。埼玉県教育委員会提供)

八九二年(寛平四《かんぴょう》)に、蔵人頭《くろうどのとう》であった菅原道真《すがわらのみちざね》が編んだ『類聚国史《るいじゅうこくし》』巻一七一には、弘仁九年七月のこととして、

相模《さがみ》・武蔵《むさし》・下総《しもうさ》・常陸《ひたち》・上野《こうずけ》・下野《しもつけ》等の国地震す。山崩れ、谷埋まること数里。圧死する百姓あげて数うべからず。

といった地震の記事が載せられており、さらに続く八月庚午《かのえうま》(十九日)条には、その続報として、

〈前略〉聞くならく、上野等の境、地震《ふる》い災を為《な》し、水潦《ろう》相仍《かさな》り、人物凋損《ちょうそん》す、〈後略〉

とも記されている。この二つの史料からは、

①弘仁九年七月に、相模・武蔵・下総・常陸・上野・下野といった関東地方のほぼ全域で感じる

ことができた大地震が発生したこと。

②「数里にわたって山が崩れて、谷が埋まり、これにともなって圧死する百姓(一般の人々)はとても数えあげることができなかった」とあるように、地震によって大規模な山崩れが生じ、多数の圧死者が出たこと。

③とくに「上野国をはじめとする諸国の国境が集まる場所では、地震の揺れが二次被害を誘発し、出水と長雨が重なって、人々や村の家々などが、損なわれた」こと。

など、この〝弘仁の大地震〟の具体的な被害状況を知ることができる。

上野国が下野国・常陸国・武蔵国などと国境を接する地域といえば、ある程度限られるが、さらに③に記されているような水害を想定すれば、おそらく鬼怒川《きぬがわ》のような河川が山崩れによっていったん堰《せ》き止められ、そこに折からの長雨も相まって大量の水が湛《たた》えられて、最後には鉄砲水のようなものが生じて、周辺の人々が暮らす村が甚大な被害を受けたであろうことが容易に想像できる。

ところで、近年注目を集めているのが、開発にともなう発掘調査件数が増加するなか、全国の遺跡において考古学的に把握されつつあるさまざまな地震痕跡である。現在の地表面からはうかがい知ることができない、過去の地割れや液状化現象にともなう噴砂《ふんさ》が、発掘調査によって新たに発見されることから貴重である。そして、これまでに、埼玉県下および群馬県下において、この〝弘仁の大地震〟にともなうとみられる地震痕跡が、数十カ所で確認されており、埼玉県下では少なくとも二〇遺跡以上で確認されている。

たとえば深谷市の上敷免《じょうしきめん》遺跡からは、一〇世紀後半の竪穴建物跡が噴砂を切って構築されていることが確認されている（噴砂は一〇世紀後半より前の地震に由来することが判明する）。また、同じく深谷市の居立《いだて》遺跡では、噴砂が八世紀中頃の竪穴建物跡の覆土《ふくど》を吹き抜け、一〇世紀代の遺物包含層の下部で広がりを止めている（噴砂をもたらした地震は、八世紀中頃以降、一〇世紀以前のものであることが判明する）。こうした地震は、平安時代、〝弘仁の大地震〟または、やはり文献史料からうかがわれる八七八年（元慶《がんぎょう》二）の地震とみて間違いないとみられている。

この深谷市居立遺跡では、集落跡の広範囲にわたって噴砂の痕跡が検出されており、個々の竪穴建物跡の状況を見ても、大きな地割れが竪穴内を走っていることから、〝弘仁の大地震〟または元慶二年の地震の後は、人々がこの土地で居住を継続することはきわめて困難であったようである。平安時代の埼玉に暮らした人々の日常生活を、大地震は無情にも突然、奪い去ったのであった。

ただし、近年の発掘調査では、こうした災害に対して、たくましく立ち向かった人々の姿も明らかになりつつある。前掲の上敷免遺跡や居立遺跡にほど近い深谷市皿沼西《さらぬまにし》遺跡の発掘調査からは、隣接する遺跡からも確認されている〝弘仁の大地震〟による被害の状況はもとより、この集落に暮らした人々が地震の後もこの土地を放棄せず、再び用水路や田畑を整備して日々の生活を再興したことが明らかになった。文献史料からはうかがい知ることができなかった、地震災害から復興しようと努力する人々の姿を、発掘調査の成果が教えてくれたのである。今後も、埼玉県下における過去の地震災害の実態解明作業は、考古学・地質学と文献史学の双方から総合的に進められ、大きな成果を上げていくことだろう。

度重なる飢饉に襲われた江戸時代

次に、近世、とくに江戸時代の埼玉を繰り返し見舞った自然災害と、これに起因する凶作、そしてその結果として発生する飢饉《ききん》について、これを克服しようと試みた人々のさまざまな取り組みを確認してみたい。こうした自然災害や飢饉に対して、けっして無防備ではなかった近世埼玉の人々の姿から、今、私たちが学ぶことは少なくないといえよう。

近世埼玉の人々も、私たちと同様、地震とそれにともなう土石流、浅間山《あさまやま》や富士山などの火山噴火、台風や集中豪雨とそれにともなう洪水、気候不順にともなう農作物の凶作、そして疫病など、じつにさまざまな自然災害のなかでそれぞれの暮らしを営みつづけていた。

埼玉県内各地に現存する近世の災害碑を精力的に調査・研究されてきた高瀬正氏によれば、県内で生じたさまざまな災害に際して、被災者の慰霊、子孫への教訓伝達、災害対応の記録化などを目的として災害碑が建立されている。その内訳は、洪水に関するものが三〇基、天明《てんめい》・天保《てんぽう》の飢饉に関するものが一〇基、一七八三年(天明三)の浅間山噴火に関するものが一五基、旱魃《かんばつ》に関するものが五基、一八五五年(安政《あんせい》二)の安政大地震に関するものが四基、疫病に関するものが二基という内訳である。

なかでも注目しておきたいのは、浅間山噴火の翌年に建立された幸手市正福寺《しょうふくじ》境内の義賑《ぎしん》窮《きゅう》餓《が》之《の》碑《ひ》である。この石碑は、天明三年の浅間山噴火と気象災害に起因する飢饉に際して、幸手宿の有力者二一人が満福寺《まんぷくじ》の境内で七〇日間にわたって粥《かゆ》を炊いて飢民に施したことを記したものであり、たんなる記録にとどまらず、災害時における富民の心得を後世の人々へ教訓的に伝達するという役割も果たしていたと思われる。

飢饉に備えて設置された穀倉(毛呂山町歴史民俗資料館提供)

このような近世災害碑から注目しておきたいのは、前述のように、自身の生存を確保することに精いっぱいであった古代の人々とは異なり、子孫をはじめとする後世の人々に災害それ自体と災害時の教訓を伝達しようという思想が江戸時代の人々の間に醸成されていた点である。その背景には、すでに江戸時代の人々が、寺子屋《てらこや》に象徴されるような市井の教育機関の発展によって〝読み書き〟の力はもとより、儒教思想を手中にしていたという事実を見逃すことができないであろう。

実際に、この頃には飢饉に備えて、甘藷《かんしょ》(サツマイモ)などをはじめとする救荒作物の栽培が広く奨励された。一九九八年(平成十)には、福島県大熊町の旧家の屋根裏から、飢饉に備えて俵詰めされた天保期の蕎麦《そば》の実が発見され、話題となった。現在ではこの約一六〇年前の蕎麦の実を発芽させて蕎麦の生産が行われ、「天保そば」として私たちを楽しませてくれている。また、それぞれの村では飢饉に備えて食糧(穀物)を備蓄するための倉の設置が進められたようである。現存するものは少ないが、毛呂山町の歴史民俗資料館の庭には、このような穀倉が移築され、多くの見学者が訪れている。

今後も予想される台風や集中豪雨にともなう河川氾濫(洪水)

以上、本章では、埼玉県を見舞ったさまざまな災害と、その時々の人々の災害に対する働きかけについて、古代では〝弘仁の大地震〟、近世では飢饉を例に振り返ってみた。最後に、〝海なし県〟である埼玉県にとって、いまなおもっとも警戒しなければならない災害である、台風や集中豪雨にともなう河川氾濫(洪水)にふれておきたい。記憶に新しいところでは、二〇一九年(令和元)の台風一九号が、東松山市内で床上浸水五六〇戸、床下浸水一二四戸という大きな被害をもたらしたが、いまだに埼玉県に暮らす多くの方々の記憶にのぼるのは、一九四七年(昭和二十二)九月に発生したカスリン台風にともなう未曾有の大水害(大洪水)であろう。利根川《とねがわ》は栗橋町(現久喜市)で決壊し、その濁流は江戸川に沿って南下し、江戸川と荒川放水路に挟まれた一帯が濁流に呑《の》み込まれた。この台風による死者は一〇七七人、行方不明者は八五三人に及んでいる。

もともと河川氾濫に見舞われつづけてきた埼玉県下では、こうした河川氾濫対策として、洪水時に備えて屋敷地内に土盛りをして一段高くしたところに避難用の小さな建物(水塚《みつか》)を築く習慣があり、また、避難用の小舟を水塚や納屋の天井に吊るしておく習慣も存在していた。どちらも、県内の河川の隣接地域では広く見ることができるものであり、たとえば、近年実施された志木市内における調査では、市内四八カ所に水塚が現存していることが明らかになった。

カスリン台風による洪水の様子(幸手市上高野付近。「浜田得一撮影幸手町記録写真集」より。幸手市郷土資料館提供) 市指定

こうした水塚の建設や小舟の設置は、いわば人々の水害に対する自衛的な措置であり、実際の水害そのものを制御するものではない。今後も間違いなく繰り返し私たちを襲うであろう台風や集中豪雨にともなう河川氾濫(洪水)による被害を抑えていくためには、各人の自衛的な措置と並行して、やはり行政などによるダムの建設、堤防の整備、遊水地の確保といった大規模な治水事業の推進も欠かすことができない。近年、免罪符のように用いられる「想定外」などという形容詞が災害の後に用いられることがないように、日頃から、各人の自衛的な措置はもとより、行政による大規模かつ周到な治水事業の推進が、今こそ求められている。

(宮瀧)

寛《かん》保《ぽう》洪《こう》水《ずい》位《い》磨《ま》崖《がい》標《ひょう》

江戸時代に起きた大洪水時の水位を示す貴重な記録

→P180

江戸時代中期の一七四二年(寛保二)の七月二十七日から降りはじめた雨は、八月一日から二日にかけて未曾有の大雨になった。豪雨は関東地方を中心に猛威をふるい、関東平野では利根川水系や荒川水系で堤防が決壊するなど大洪水となり、現埼玉県域でも甚大な被害が生じた。いったんやんだ雨も再び八月八日には暴風雨となり、被害はさらに拡大した。

長瀞町を流れる荒川の岸壁には、現在の荒川の水面から約二〇メートルの高さに「水」の文字が刻まれ、この時の付近一帯を水没させた洪水の水位を示している。

左は、刻まれた「水」の文字を強調した拡大画像。右は、当時の水位を示す看板(水口由紀子氏提供)

DATA
県指定 長瀞町野上

吉《よし》田《だ》家《け》水《み》塚《つか》

利根川の洪水に備えた商家の避難所

→P176

大小の河川が平野部を網の目状に走る現埼玉県域では、近世以降、度重なる河川氾濫(洪水)に備えて、屋敷内に土盛りをして一段高くしたところに避難用の小さな家屋(水塚)を築く習慣が各地に存在した。

そのような水塚のうち、日光道中栗橋《くりはし》宿の商家であった吉田家の敷地内に存在した水塚が、久喜市の指定文化財として保存・公開されている。大谷石《おおやいし》で囲まれた塚の上には、江戸時代末期の建築とされる「大蔵」と、建物に一九〇四年(明治三十七)の墨書が遺《のこ》る「向う塚」の二つの蔵が建ち並んでいる。

久喜市教育委員会提供

DATA
市指定 久喜市伊坂

遭《そう》難《なん》追《つい》薦《せん》碑《ひ》

→P179

一九一〇年（明治四十三）八月の大雨は、二つの台風が重なったこともあり、関東地方に大規模な河川氾濫（洪水）をもたらした。名栗川《なぐりがわ》の支流である穴沢川《あなざわがわ》の氾濫と土石流被害を伝える災害碑である。

DATA 飯能市上名栗

石《いし》灯《どう》籠《ろう》

→P178

一七四二年（寛保二）八月の関東地方を中心に猛威をふるった大水害により、神社境内における水位が、深さ二尺（約六〇センチ）を測り、村内の家の多くが浸水したと記している。

DATA 川越市久下戸（氷川神社境内）

青《あお》木《き》昆《こん》陽《よう》先《せん》生《せい》之《の》碑《ひ》

→P177

救荒作物としての甘藷《かんしょ》（サツマイモ）の栽培を推奨した蘭学者で幕臣の青木昆陽を称《たた》えるため、一九二九年（昭和四）に、埼玉県の甘藷商同業組合が建立した顕彰碑である。

DATA さいたま市大宮区（大宮公園内）

利《と》根《ね》川《がわ》堤《てい》防《ぼう》決《けっ》壊《かい》口《こう》跡《あと》及《およ》び記《き》念《ねん》碑《ひ》

→P176

一九四七年（昭和二十二）のカスリン台風で、利根川の堤防が約三四〇メートルにわたって決壊したことに因み、一九五〇年九月に建設省利根川上流工事事務所（当時）などが建立した災害碑である。

DATA 加須市新川通（カスリーン公園内）

砂《さ》防《ぼう》碑《ひ》

→P180

一九四七年（昭和二十二）のカスリン台風による荒川の氾濫で耕地が大量流出した国神《くにかみ》村（現皆野町）では、翌年から耕地復旧工事に着手し、一九五四年の工事完了にともない、記念碑を建立した。

DATA 皆野町国神

飢《き》饉《きん》警《けい》告《こく》の碑《ひ》

→P179

一八三六年（天保《てんぽう》七）の飢饉に際して勝呂《すぐろ》村（現小川町）の名主《なぬし》が、飢饉は三〇～五〇年の間には必ずやってくるので日頃からこれに備えるようにと、後世への戒めを記したものである。

DATA 町指定 小川町勝呂

栃木県
中央・東部エリアP176
茨城県
熊谷市
羽生市
加須市
行田市
滑川町
吉見町
鴻巣市
久喜市
幸手市
杉戸町
東松山市
北本市
白岡市
宮代町
千葉県
鳩山町
川島町
桶川市
伊奈町
蓮田市
坂戸市
上尾市
春日部市
松伏町
鶴ヶ島市
川越市
日高市
さいたま市
越谷市
吉川市
狭山市
ふじみ野市
富士見市
三郷市
志木市
川口市
草加市
入間市
三芳町
蕨市
戸田市
八潮市
所沢市
朝霞市
新座市
和光市
西部エリアP178
東京都

埼玉県エリア別
史跡・文化財マップ

全国的に有名な場所から地元の身近な場所まで、
本書に登場する史跡・文化財・博物館などを
エリア別（中央・東部・西部・北部・秩父）に掲載。
地域ごとの特色から埼玉県の歴史をたどる。

本ページ、P176、P178、P180、P182 の地図は、
数値地図（国土基本情報 20 万）（国土地理院）および、
数値地図（国土基本情報）25000（国土地理院）を
加工して作成した。

中央・東部エリア

利根川堤防決壊口跡及び記念碑
栗橋関跡
吉田家水塚
鷲宮神社
寛保治水碑
久喜市立郷土資料館
義賑窮餓之碑（正福寺内）
神明貝塚
伊奈氏屋敷跡
黒浜貝塚
岩槻城跡
日清・日露戦争記念碑（与野公園）
さいたま市立浦和博物館
真福寺貝塚
大門宿本陣表門
埼玉県立文書館
見沼通船堀
草加松原
赤山陣屋敷址（赤山城跡）
錫杖寺
柴山伏越
0
5km
N
茨城県
千葉県
東京都
加須市
久喜市
幸手市
杉戸町
白岡市
宮代町
伊奈町
春日部市
松伏町
吉川市
越谷市
三郷市
草加市
八潮市
川口市
戸田市
蕨市
和光市
岩槻区
見沼区
北区
大宮区
緑区
中央区
浦和区
桜区
南区
新古河
古河
利根川
東武日光線
東北本線
東北新幹線
栗橋
南栗橋
加須
花崎
鷲宮
東鷲宮
境古河
五霞
圏央道
坂東
幸手
久喜
和戸
東武動物公園
白岡
菖蒲
蓮田
内宿
南桜井
春日部
豊春
岩槻
東大宮
東武伊勢崎線
せんげん台
大宮
さいたま新都心
浦和
浦和美園
東川口
越谷
南越谷
新越谷
武蔵野線
東浦和
川口中央
川口東
草加
東京外環自動車道
獨協大学前
中浦和
南浦和
武蔵浦和
北与野
与野本町
戸田西
戸田
川口
川口元郷
荒川
埼京線
赤羽
和光北
成増
和光
東武野田線
運河
柏
流山
三郷
三郷中央
三郷南
新松戸
松戸
中川
122
125
4
16

群馬県
羽生市
行田市
鴻巣市
北本市
上尾市
騎西城
川俣
羽生
南羽生
武州荒木
秩父鉄道
東武伊勢崎線
高崎線
北陸・上越新幹線
深谷
籠原
熊谷
花園
荒川
関越自動車道
嵐山小川
小川町
武蔵丘陵森林公園
持田
行田市
行田
吹上
生出塚埴輪窯跡
鴻巣御殿跡
北鴻巣
鴻巣
伊奈忠次・忠治墓
(勝願寺内)
北本
桶川宿本陣遺構
石戸蒲ザクラ
(東光寺内)
桶川北本
桶川加
桶川市
桶川
北上尾
圏央道
川島
坂戸
桶川飛行学校
平和祈念館
鶴ケ島
本川越
川越
川越線
南古谷
西大宮
指扇
西区
新狭山
狭山市
ふじみ野
三芳
西武新宿線
西武池袋線
東武東上線
志木
所沢
小手指
武蔵野線
新座
清瀬
行田エリア拡大図
足袋蔵まちづくりミュージアム
忍城跡
水城公園
行田市郷土博物館
稲荷山古墳
石田堤
足袋とくらしの博物館
さきたま古墳公園
埼玉県立さきたま史跡の博物館
将軍山古墳
0 1km
大宮エリア拡大図
土呂
さいたま市立大宮盆栽美術館
大宮盆栽村
鉄道博物館
東武野田線
さいたま市立漫画会館
大宮公園
大和田公園
東北本線
高崎線
埼玉県立歴史と民俗の博物館
北大宮
青木昆陽先生之碑
さいたま市立博物館
氷川神社
埼玉新都市交通ニューシャトル
大宮
0 1km

西部エリア

行田
比丘尼山
松山城跡
吉見百穴
吉見百穴
地下軍需工場跡
宗悟寺
東松山市
高崎線
北陸・上越新幹線
白岡
菖蒲
圏央道
吉見町
息障院
（伝範頼館跡）
東松山
東松山
野本将軍塚古墳
北本
桶川加納
内宿
桶川北本
桶川
高坂
高坂古墳群
青蓮寺
407
川島
広徳寺大御堂
坂戸市
川島町
坂戸
上尾
17
東北新幹線
坂戸西
坂戸
圏央道
河越館跡
鶴ヶ島市
鶴ヶ島
鶴ヶ島
西川越
川越市
川越線
圏央鶴ヶ島
本川越
南古谷
16
的場
川越
奥貫友山墓・
奥貫家長屋門
大宮
笠幡
山王塚古墳
川越
石灯籠
与野
与野
関越自動車道
254
上福岡
水子貝塚公園
新狭山
16
ふじみ野市
富士見市
浦和
狭山日高
狭山市
みずほ台
埼京線
狭山市
旧石川組製糸西洋館
三芳
鶴瀬
入間市
志木市
西武池袋線
西武新宿線
三芳町
東武東上線
戸田東
志木
戸田西
美女木
JCT
朝霞台
朝霞市
所沢
東所沢
所沢市
463
和光北
午王山
遺跡
新座
和光市
平林寺
和光市
所沢
小手指
和光
新座市
成増
西武球場前
清瀬
秋津
武蔵野線
野火止用水史跡公園
滝の城跡
大泉
練馬
上北台

鉢形
花園
寄居折原
寄居
140
雨乞の碑
（伊古乃速御玉姫神社内）
菅谷館跡
埼玉県立嵐山史跡の博物館
関越自動車道
滑川町
飢饉警告の碑
竹沢
嵐山小川
埼玉伝統工芸会館
杉山城跡
皆野大塚
小川町
嵐山町
和紙の里
東秩父村
小川町
武蔵嵐山
つきのわ
254
秩父鉄道
下里・青山板碑製作遺跡
小倉城跡
明覚
慈光寺
鳩山町
秩父
西武秩父
ときがわ町
埼玉県平和資料館
八高線
塚の越遺跡
西武秩父線
越生町
越生
世界無名戦士之墓
東武越生線
毛呂
鎌倉街道上道
毛呂山町
299
遭難追薦碑
高麗川
日高市
飯能市
福徳寺
東吾野
高麗
高麗村石器時代住居跡
川越エリア拡大図
川越氷川神社
大沢家住宅
川越市役所
川越市立博物館
初雁公園
時の鐘
川越城跡
川越高
市民会館
旧第八十五銀行
本店本館
254
連馨寺
喜多院
クレアモール
尾張藩
鷹場榜示杭
川越総合高
本川越
川越工業高
川越市
川越線
西武新宿線
東武東上線
新河岸川
16
川越
0
500m
飯能
元加治
円照寺
金子
入間
圏央道
入間市
青梅線
青梅
青梅
16
東京都
N
0
5km

北部エリア
中宿歴史公園
諏訪神社
中の家（旧渋沢邸）
渋沢栄一記念館
尾高惇忠生家
誠之堂
備前渠鉄橋
日本煉瓦製造株式会社旧事務所
（煉瓦史料館）
皿沼西遺跡
福川鉄橋
深谷商業高等学校記念館
旧東京第二陸軍造兵廠
深谷製造所給水塔
幡羅官衙遺跡
普済寺
深谷市
歓喜院聖天堂
熊谷ラグビー場
龍淵寺
ソシオ流通センター
龍泉寺
熊谷市
宮塚古墳
元荒川起点の碑
根岸家長屋門
武蔵丘陵森林公園
治良門橋
太田桐生
足利市
東武桐生線
三枚橋
韮川
剛志
境町
世良田
木崎
東武伊勢崎線
細谷
太田
東武小泉線
竜舞
西小泉
東小泉
利根川
岡部
高崎線
深谷
籠原
北陸・上越新幹線
秩父鉄道
ふかや花園
永田
武川
明戸
大麻生
ひろせ野鳥の森
石原
熊谷
荒川
持田
行田市
行田
吹上
花園
関越自動車道
男衾
東武東上線
みなみ寄居
東武竹沢
竹沢
嵐山小川
小川町
宮ノ倉山
八高線
武蔵嵐山
つきのわ
森林公園
東松山
17
407
122
140
125
254

前橋南
高崎
354
高崎JCT
伊勢崎
新伊勢崎
高崎玉村
倉賀野
354
高崎線
北陸・上越新幹線
根小屋
田村本陣の門
北藤岡
旧本庄商業銀行煉瓦倉庫
山名
新町
藤岡JCT
藤岡
462
上信電鉄
上里町
上里
神保原
利根川
関越自動車道
17
馬庭
吉井
群馬藤岡
254
吉井
上信越自動車道
本庄
安保氏館跡
牛伏山
本庄早稲田
丹荘
本庄児玉
群馬県
本庄市
塙保己一旧宅
神川町
児玉
遠藤兵内墓
462
八高線
金鑚神社
競進社模範蚕室
寄居
赤城乳業
254
松久
美里町
用土
雨降山
陣見山
不動山
鐘撞堂山
樋口
462
神流湖
秩父鉄道
波久礼
寄居
荒川
140
寄居折原
野上
寄居風布
寄居町
鉢形城跡
140
皆野寄居有料道路
城峯山
長瀞
宝登山
折原
親鼻
破風山
皆野長瀞
皆野
皆野大塚
簑山
和銅黒谷
N
大霧山
0
5km
大野原

秩父エリア

寛保洪水位磨崖標
雨降山
不動山
神流湖
462
樋口
波久礼
長瀞町
塚山
長瀞町役場
野上
140
岩畳
城峯山
皆野町
皆野寄居有料道路
寄居風布
長瀞
埼玉県立自然の博物館
上長瀞
砂防碑
親鼻
破風山
皆野長瀞
皆野
皆野大塚
美の山公園
和銅採掘遺跡
椋神社
和銅黒谷
観音山
秩父鉄道
140
赤平川
大霧山
299
秩父ワイン
大野原
小鹿野町役場
299
音楽寺
四阿屋山
秩父神社
秩父
ちちぶ銘仙館
丸山
西武秩父
巴川橋
横瀬
芦ヶ久保
武州日野
影森
荒川
横瀬町
299
西武秩父線
浦山口
140
三峰口
白久
秩父鉄道
武州中川
二子山
武甲山
秩父さくら湖
大持山
伊豆ヶ岳
正丸
熊倉山
妙法ヶ岳
矢岳
西谷山
大平山
有間山
白岩山
天目山
蕎麦粒山
金比羅山
棒ノ嶺
東京都
N
川乗山
0
5km

日影山
白石山
群馬県
父不見山
462
神流川
299
叶山
二子山
小倉山
白石山
諏訪山
天丸山
299
赤平川
両神山
小鹿野町
清滝
南天山
昇竜ノ滝
三国山
癒しの森こまどり
三国峠
中津峡
白泰山
140
栃本関跡
奥秩父もみじ湖
140
三十槌の氷柱
秩父湖
長野県
三峯神社
滝川
秩父市
三宝山
甲武信ヶ岳
大洞川
破風山
白石山
両門滝
鶏冠山
雁坂トンネル
古礼山
笠取山
唐松尾山
七ッ釜五段の滝
竜喰山
山梨県
雲取山

県内のおもな祭礼・行事

開催日	名称	区分	場所	補足
●1月 1日	鷲宮催馬楽神楽	重要	久喜市	2月14日、4月10日、7月31日、10月10日、12月初酉日も開催
1月上旬	吉川市のオビシャ	選択	吉川市	弓行事。12月開催も
10日	三郷市のオビシャ	選択	三郷市	
14日	大波見のドンド焼き	無形	秩父市	
14日	広木万場の道祖神焼き	選択	美里町	どんど焼き
14・15日	馬上のクダゲエ(管粥)	選択	小鹿野町	粥占いの行事
17日	西久保観世音の鉦はり	無形	入間市	民俗芸能。8月17日も開催
20日頃	八潮市のオビシャ	選択	八潮市	
第1日曜	南大塚の餅つき踊り	無形	川越市	踊りながら餅をつく
第3土曜	橋詰のドウロク神焼き	無形	小鹿野町	火祭り行事
第3日曜	萩日吉神社神楽	無形	ときがわ町	4月29日は太々神楽
第3日曜	萩日吉神社のやぶさめ	無形	ときがわ町	3年に1度
●2月 1日	玉敷神社神楽	重要	加須市	鷲宮神社の行事。2月1日、5月5日、7月15日、12月1日も開催
10・11日	梅宮神社の甘酒祭り	無形	狭山市	饗宴形式の酒盛り
11日	老袋の弓取式	無形	川越市	氷川神社の氏子が担当
11日	伊豆沢の天気占い	選択	小鹿野町	諏訪神社の行事
19日	東松山上岡観音の絵馬市の習俗	選択	東松山市	妙安寺上岡観音の行事
23日	坂戸の大宮住吉神楽	無形	坂戸市	4月第1日曜、11月23日も開催
25日	出原の天気占い	無形	小鹿野町	諏訪神社の的射行事
●3月 第1日曜	椋神社御田植祭	無形	秩父市	
●4月 8日	松原の真言	無形	桶川市	泉福寺で開催。8月の施餓鬼にも
3日	河原沢のオヒナゲエ	無形	小鹿野町	お雛粥。節句祝い
3日	貴布祢神社神楽	無形	秩父市	10月第1日曜も開催
4日	秩父神社御田植祭	無形	秩父市	
11日	老袋の万作	無形	川越市	氷川神社で公開
12日	落合西光寺双盤念仏	無形	飯能市	10月12日も開催
第2日曜	大野の送神祭	無形	ときがわ町	神送りの行事
第3土曜・日曜	石原の獅子舞	無形	川越市	観音寺で公開
第3日曜	白久の人形芝居	無形	秩父市	
●5月 3・4日	塚越の花まつり	無形	秩父市	
第2日曜	横瀬の人形芝居	無形	横瀬町	秋も開催
第2日曜	白石の神送り	無形	東秩父村	
●7月 8日付近	番匠免の大般若経祭り	選択	三郷市	土曜開催
15日付近	やったり踊り	無形	春日部市	土曜開催
19・20日	秩父川瀬祭りの川瀬と屋台の行事	無形	秩父市	

※重要：重要無形民俗文化財　無形：無形民俗文化財　選択：選択無形民俗文化財

24日	北川崎の虫追い	無形	越谷市	
25日	駒衣の伊勢音頭	無形	美里町	八坂神社で開催
25日付近	越畑の獅子舞	無形	嵐山町	日曜開催
第1土曜	大瀬の獅子舞	無形	八潮市	翌日も開催
中旬	原馬室の獅子舞	無形	鴻巣市	8月18日も開催
中旬	台町の獅子舞	無形	本庄市	海の日直前の土・日開催
中旬	平方祇園祭のどろいんきょ行事	無形	上尾市	海の日の前の日曜開催
中旬	半平の天王焼き	無形	小鹿野町	海の日前日開催
中旬	西金野井の獅子舞	無形	春日部市	海の日に近い日曜開催
第3日曜	下間久里の獅子舞	無形	越谷市	香取神社で開催
第4日曜	甘酒祭	選択	荒川村	熊野神社で開催
●8月 16日	浦山の獅子舞	無形	秩父市	10月第4土曜・日曜も開催
15日	猪俣の百八燈	重要	美里町	
16日	芦ヶ久保の獅子舞	無形	横瀬町	白鬚神社で公開
16日	小川の百八灯	選択	秩父市	
16日	門平の虫送り	選択	皆野町	
16日	立沢の虫送り	選択	皆野町	
中旬	下中条の獅子舞	無形	行田市	8月18日に近い日曜開催
25日付近	下名栗の獅子舞	無形	飯能市	土・日開催
第1日曜	脚折の雨乞行事	選択	鶴ヶ島市	4年に1度開催
下旬	ほろ祭	無形	川越市	古尾谷八幡神社。敬老の日前日開催

●10月 7・8日	皆野椋神社の獅子舞	無形	皆野町	
21日付近	岩槻の古式土俵入り	重要	さいたま市岩槻区	日曜開催
第2土曜日	閏戸の式三番	無形	蓮田市	愛宕神社で奉納
第2日曜日	秩父吉田の龍勢	重要	秩父市	
第3土曜・日曜	川越氷川祭の山車行事	重要	川越市	
第3土曜・日曜	川越祭りばやし	無形	川越市	川越氷川祭で公開。春秋の地元の祭礼でも
第3土曜・日曜	入曽の獅子舞	無形	狭山市	金剛院・入間野神社で公開
●11月 3日	出雲伊波比神社のやぶさめ	無形	毛呂山町	
15日頃	白久のテンゴウ祭り	無形	秩父市	火難除け
19日	有氏神社の盤台祭り	無形	神川町	はだか祭り
23日	金谷の餅つき踊り	無形	東松山市	氷川神社で公開
第3土曜・日曜	小鹿野の歌舞伎芝居	無形	小鹿野町	
●12月 3日	秩父祭の屋台行事と神楽	重要	秩父市	秩父神社で開催
第2土曜・日曜	飯田八幡神社の祭り	無形	小鹿野町	
不定期	内ヶ島の万作	無形	深谷市	

※埼玉県ホームページ「埼玉県の国・県指定等文化財の一覧」(令和4年3月22日現在)、『埼玉県の歴史散歩』(山川出版社)などを参考に作成。

※諸事情により実施されていないものも含まれています。

	新座（にひくら）	新座	新座（にいざ）	北足立	川口市・鴻巣市・さいたま市・上尾市・草加市・蕨市・戸田市・鳩ヶ谷市・朝霞市・志木市・和光市・新座市・桶川市・北本市・伊奈町・（東京都練馬区・西東京市）
	足立（あたち）	足立	足立（あだち）		
				南足立	（東京都区内）
下総（埼玉県域の郡）	葛餝（かとしか）	葛飾 葛東 葛西	葛飾（かつしか）	北葛飾	三郷市・吉川市・幸手市・久喜市・春日部市・杉戸町・松伏町

※近代の郡制は1899年（明治32）の町村制の施行にもとづく郡を示す。
※現代の市町村名はおもなものを示す。
※『新編埼玉県史』（埼玉県）、『埼玉県の歴史』（山川出版社）、『日本史必携』（吉川弘文館）、『日本史辞典』（角川学芸出版）などを参考に作成。

埼玉県の成立過程

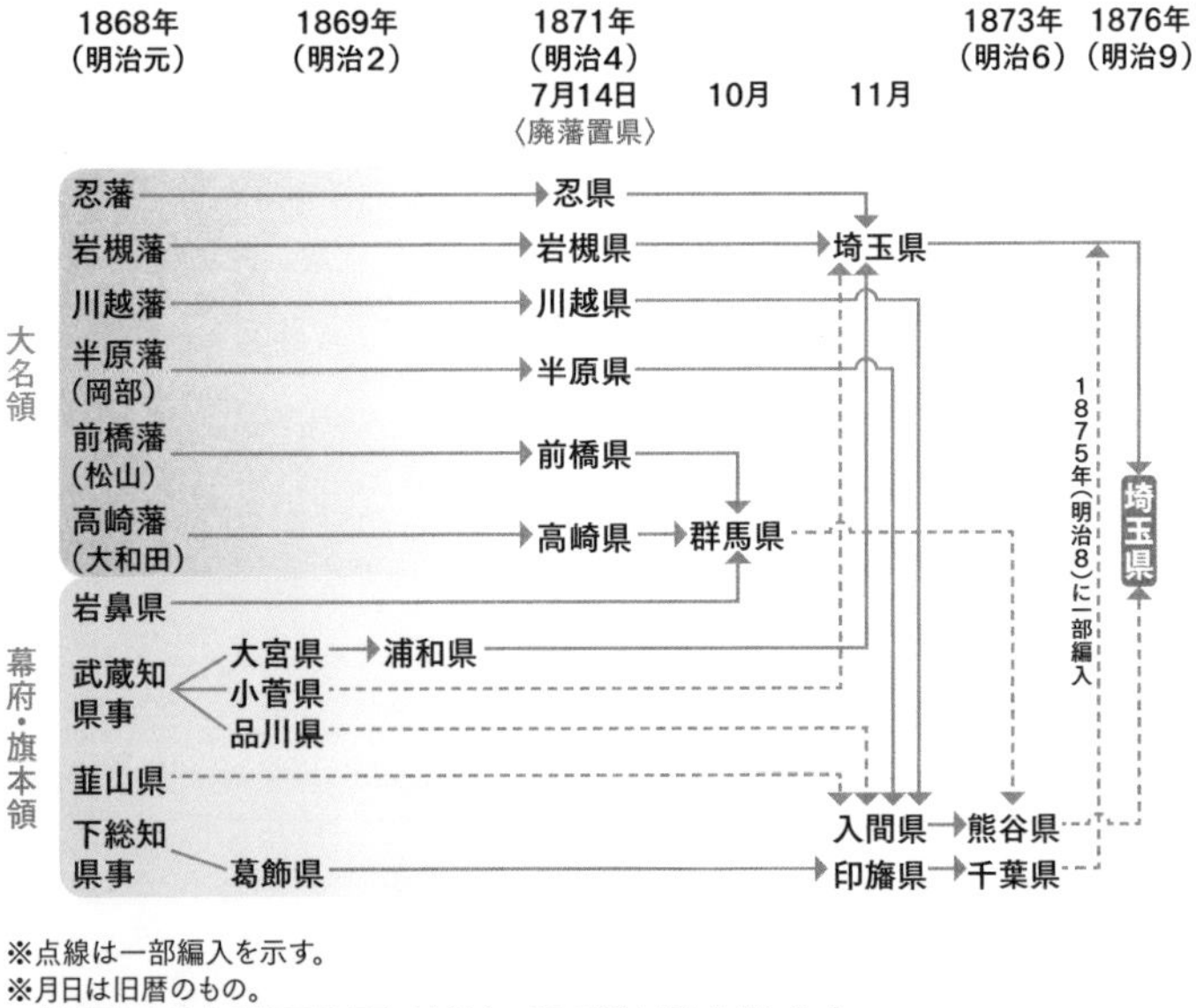

※点線は一部編入を示す。
※月日は旧暦のもの。
※『新編埼玉県史』『埼玉県行政史』（ともに埼玉県）などを参考に作成。

国・郡の変遷

<table>
<tr><th>国名＼時期</th><th>古代</th><th>中世</th><th>近世</th><th>近代</th><th>現代</th></tr>
<tr><td rowspan="14">武蔵
（埼玉県域の郡）</td><td>大里
（をほさと）</td><td>大里</td><td>大里</td><td rowspan="4">大里
（おおさと）</td><td rowspan="4">熊谷市・
深谷市・寄居町・
小川町</td></tr>
<tr><td>男衾
（をふすま）</td><td>男衾</td><td>男衾
（をぶすま）</td></tr>
<tr><td>幡羅
（はら）</td><td>幡羅</td><td>幡羅
（はたら）</td></tr>
<tr><td>榛沢
（はんさは）</td><td>榛沢</td><td>榛沢</td></tr>
<tr><td>児玉
（こたま）</td><td>児玉</td><td>児玉</td><td rowspan="3">児玉
（こだま）</td><td rowspan="3">本庄市・美里町・
神川町・上里町</td></tr>
<tr><td>賀美
（かみ）</td><td>賀美</td><td>賀美</td></tr>
<tr><td>那珂
（なか）</td><td>那珂</td><td>那賀</td></tr>
<tr><td>秩父
（ちちふ）</td><td>秩父</td><td>秩父</td><td>秩父
（ちちぶ）</td><td>秩父市・横瀬町・
皆野町・長瀞町・
小鹿野町・東秩父村</td></tr>
<tr><td>入間
（いるま）</td><td>入間</td><td>入間</td><td rowspan="2">入間</td><td rowspan="2">川越市・所沢市・
飯能市・狭山市・
入間市・ふじみ野市・
富士見市・坂戸市・
鶴ヶ島市・日高市・
三芳町・毛呂山町・
越生町</td></tr>
<tr><td>高麗
（こま）</td><td>高麗</td><td>高麗</td></tr>
<tr><td>比企
（ひき）</td><td>比企</td><td>比企</td><td rowspan="2">比企</td><td rowspan="2">東松山市・滑川町・
嵐山町・小川町・
川島町・吉見町・
ときがわ町</td></tr>
<tr><td>横見
（よこみ）</td><td>横見</td><td>横見</td></tr>
<tr><td rowspan="2">埼玉
（さいたま）</td><td rowspan="2">埼玉
崎西</td><td rowspan="2">埼玉</td><td>北埼玉</td><td>行田市・加須市・
羽生市・鴻巣市</td></tr>
<tr><td>南埼玉</td><td>さいたま市・
春日部市・越谷市・
久喜市・八潮市・
蓮田市・白岡市・
宮代町</td></tr>
</table>

主要参考文献 ※五十音順

朝日新聞さいたま総局編『近代埼玉の建築探訪』さきたま出版会、二〇〇六

会田雄次・大石慎三郎・黒須茂監修『江戸時代人づくり風土記11 ふるさとの人と知恵　埼玉』農村漁村文化協会、一九九五

入間市博物館編『石川組製糸ものがたり』(展示図録)、入間市博物館、二〇一七

小川博也ほか『埼玉県の百年』山川出版社、一九九〇

久喜市教育委員会文化財保護課編『日光道中栗橋宿・栗橋関所』(久喜市の歴史と文化財①)、久喜市教育委員会、二〇二〇

熊谷市教育委員会編『熊谷市史　通史編上巻』熊谷市、二〇一八

国立公文書館編『躍動する明治―近代日本の幕開け』(展示図録)、国立公文書館、二〇一八

齋藤慎一『中世武士の城』吉川弘文館、二〇〇六

埼玉県編『新編埼玉県史図録』埼玉県、一九九三

同『新編埼玉県史』全38巻(通史編7巻、資料編26巻、別編5巻)、埼玉県、一九七九〜九一

埼玉県教育委員会編『埼玉稲荷山古墳』埼玉県教育委員会、一九八〇

埼玉県高等学校社会科教育研究会歴史部会『みて学ぶ埼玉の歴史』編集委員会編『みて学ぶ埼玉の歴史』山川出版社、二〇〇二

埼玉県平和資料館編『首都圏の空襲』(展示図録)、埼玉県平和資料館、一九九五

埼玉県立博物館編『埼玉県の近代化遺産―近代化遺産総合調査報告書』埼玉県教育委員会、一九九六

埼玉県立博物館編『さいたまの名宝』埼玉県立博物館、一九九一

埼玉県立博物館・霞会館資料展示委員会編『女帝明正天皇と将軍家光―松平信綱とその時代』(展示図録)、霞会館、一九九七

同『象がゆく―将軍吉宗と宮廷「雅」』(展示図録)、霞会館、二〇〇〇

埼玉県立歴史資料館『中世武蔵人物列伝』さきたま出版会、二〇〇六

埼玉県立歴史と民俗の博物館編『降嫁一五〇年記念　皇女和宮と中山道』(展示図録)、埼玉県立歴史と民俗の博物館、二〇一一

同『青天を衝け―渋沢栄一のまなざし』(展示図録)、埼玉県立歴史

と民俗の博物館、二〇二一
同『大名と藩―天下太平の立役者たち』(展示図録)、埼玉県立歴史と民俗の博物館、二〇一二
志木まるごと博物館　河童のつづら編『水塚の文化誌―志木市・宗岡　荒川下流域の水とくらす知恵』NPO法人エコシティ志木、二〇一一
白石太一郎『古墳とヤマト政権』文春新書、一九九九
鈴木一郎・宮瀧交二編『武蔵国・新羅郡の時代』雄山閣、二〇二二
関幸彦編『武蔵武士団』吉川弘文館、二〇一四
髙瀬正『埼玉県の近世災害碑』ヤマトヤ出版、一九九六
高田大輔『東日本最大級の埴輪工房　生出塚埴輪窯』(シリーズ遺跡を学ぶ０７３)、新泉社、二〇一〇
田代脩ほか『埼玉県の歴史』山川出版社、一九九九
知久裕昭『武蔵国幡羅郡から見た古代史　北武蔵歴史探訪』まつやま書房、二〇一八
根ヶ山泰史「丹党中村氏・大河原氏西遷の基礎的考察」(『紀要(埼玉県立歴史と民俗の博物館)』一〇号、二〇一六)
広瀬和雄・池上悟編『武蔵と相模の古墳』(季刊考古学別冊15)、雄山閣、二〇〇七
藤野龍宏監修『埼玉考古学入門』さきたま出版会、二〇一六
北条氏研究会編『武蔵武士を歩く』勉誠出版、二〇一五
本庄市教育委員会編『本庄市の養蚕と製糸―養蚕と絹のまち本庄』本庄市教育委員会、二〇一二
松平乗昌編／杉山正司著『日本鉄道会社の歴史』河出書房新社、二〇一〇年
宮瀧交二「日本における災害の記録化と災害情報継承方法の変遷について」(『国立歴史民俗博物館研究報告』第二〇三集、二〇一六)
柳田敏司監修／梅沢太久夫著『慈光寺』さきたま出版会、一九八九
山田朗・渡辺賢二・齋藤一晴『登戸研究所から考える戦争と平和』芙蓉書房出版、二〇一一
若狭徹『古墳時代東国の地域経営』吉川弘文館、二〇二一
『埼玉の文化財』第五十六・五十七号(特集　埼玉の産業と文化財Ⅰ・Ⅱ)、埼玉県文化財保護協会、二〇一六・二〇一七
『埼玉の文化財』第五十八号(特集　ユネスコ無形文化遺産「山・鉾・屋台行事」と民俗芸能』)、埼玉県文化財保護協会、二〇一八

執筆者紹介　※五十音順

新井浩文　あらい・ひろぶみ
一九六二年生まれ。埼玉県立文書館主席学芸主幹
⬇P20～21、74～87

井上かおり　いのうえ・かおり
一九六九年生まれ。埼玉県平和資料館主幹
⬇P124～135、146～163

杉山正司　すぎやま・まさし
一九五八年生まれ。元埼玉県立文書館館長
⬇P22～27、90～123、136～145

関　義則　せき・よしのり
一九五九年生まれ。国士舘大学非常勤講師。元埼玉県立歴史と民俗の博物館館長
⬇P14～15、46～57

田中和之　たなか・かずゆき
一九六二年生まれ。元蓮田市教育委員会。株式会社三協技術文化財調査室室長代理
⬇P32〜43

根ヶ山泰史　ねがやま・やすふみ
一九八一年生まれ。埼玉県立歴史と民俗の博物館学芸員
⬇P18〜19、60〜73

水口由紀子　みずぐち・ゆきこ
編者
一九六二年生まれ。埼玉県立さきたま史跡の博物館主任専門員兼学芸員
⬇P9〜13、16〜17、28〜29、44〜45。58〜59、88〜89、162（鷲宮神社）

宮瀧交二　みやたき・こうじ
一九六一年生まれ。大東文化大学教授
⬇P164〜173

＊編者・著者プロフィールは、P190-191 に掲載。

企画委員：山下信一郎・浅野啓介

編集協力：かみゆ歴史編集部（滝沢弘康、丹羽篤志）
図版作成：グラフ
地図作成：ミヤイン
写真協力：大澤康、PIXTA
組版：キャップス
装丁・本文デザイン：黒岩二三［fomalhaut］

日本史《にほんし》のなかの埼玉県《さいたまけん》

2023年 3 月 5 日　第1版第1刷印刷
2023年 3 月15日　第1版第1刷発行

編　者　水口由紀子
発行者　野澤武史
発行所　株式会社山川出版社
東京都千代田区内神田1-13-13　〒101-0047
電　話　03 (3293) 8131（営業）
03 (3293) 1802（編集）
印　刷　半七写真印刷工業株式会社
製　本　株式会社ブロケード

https://www.yamakawa.co.jp/

 ISBN 978-4-634-24901-1